由山东省社会科学规划研究项目文丛·重点项目资助出版

企业集团
权变管控研究

谢明磊◎著

知识产权出版社
全国百佳图书出版单位
—北京—

图书在版编目（CIP）数据

企业集团权变管控研究/谢明磊著. —北京：知识产权出版社，2021.9
ISBN 978-7-5130-2916-2

Ⅰ.①企… Ⅱ.①谢… Ⅲ.①企业集团—企业管理—研究 Ⅳ.①F276.4

中国版本图书馆 CIP 数据核字（2021）第 151054 号

内容提要

企业集团是企业发展到一定程度以后出现的一种克服市场失效和组织失灵的制度安排。我国企业集团在管控机制、创新能力及国际化经营方面仍存在诸多不足。本书研究企业集团在应对复杂国内外环境、调整企业战略的基础上，如何通过协调内部集团公司成员企业之间的关系，提升企业绩效。本研究采用文献研究与实地调研相结合的方法，在对现有研究成果总结及提炼的基础上，依据权变理论构建模型探讨外部环境和企业战略对集团管控与企业绩效的影响；借助问卷调查数据，验证权变因素对母子公司管控和企业绩效的作用机理。

责任编辑：韩　冰　　　　　　　　　　　责任校对：王　岩
封面设计：回归线（北京）文化传媒有限公司　责任印制：孙婷婷

企业集团权变管控研究
谢明磊　著

出版发行：知识产权出版社有限责任公司	网　　址：http://www.ipph.cn
社　　址：北京市海淀区气象路 50 号院	邮　　编：100081
责编电话：010-82000860 转 8126	责编邮箱：hanbing@cnipr.com
发行电话：010-82000860 转 8101/8102	发行传真：010-82000893/82005070/82000270
印　　刷：北京建宏印刷有限公司	经　　销：各大网上书店、新华书店及相关专业书店
开　　本：720mm×1000mm　1/16	印　　张：14.25
版　　次：2021 年 9 月第 1 版	印　　次：2021 年 9 月第 1 次印刷
字　　数：205 千字	定　　价：69.00 元
ISBN 978-7-5130-2916-2	

出版权专有　侵权必究
如有印装质量问题，本社负责调换。

前　言

企业集团是企业发展到一定程度以后出现的一种克服市场失效和组织失灵的组织制度安排。我国自 1987 年结合企业改革和企业组织结构调整，开始大力推动集团公司的组建工作。经过 30 多年的发展，企业集团在我国国民经济中的龙头作用越来越显著。但是与国际优秀企业相比，我国大企业集团在管控机制、创新能力、自主品牌及国际化经营方面仍存在诸多不足，在一定程度上制约着企业的持续发展。此外，国际金融危机和主权债务危机为我国企业"走出去"进行海外并购创造了有利时机，如何协调海外子公司与母公司及其他子公司之间的关系，确保海外子公司真正融入集团公司的管理体系，是我国进行国际化经营的企业急需解决的问题。因此，在后金融危机时代，研究企业集团在应对复杂国内外环境、调整企业战略的基础上，如何通过协调内部集团公司成员企业之间的关系，提升企业能力，引导我国企业有效成长壮大，在全球经济发展中发挥更加重要的作用，具有重要的理论和现实意义。

针对这一问题，本研究采用文献研究与实地调研相结合的方法，通过对前人研究成果的总结及提炼，在权变理论的基础上，探讨外部环境和企业战略对母子公司管控与企业绩效的影响；通过问卷调查的方式获取相关数据，验证权变因素对母子公司管控和企业绩效的作用机理。

在对已有研究成果进行回顾时，本研究将现有文献从三个视角进行梳理：母公司统一管理视角、子公司自主发展视角和母子公司关系网络视角。母公司统一管理视角的研究以传统的科层制为基础，认为子公司是母公司的附属机构，其任务主要在于配合实现母公司的整体战略，利用集团公司的内部网络节省交易费用，从而确保公司的生存并提升经营效率。子公司自主发展视角的研究认为，子公司不仅仅是母公司的附属，它们扮演着不同的角色，承担着一定的战略任务。母公司可根据各子公司角色的不同，指导全球战略配置，对不同角色的子公司建立不同的管理与控制机制。母子公司关系网络视角的研究认为母子公司结构是一个关系网络，子公司不仅与集团内部网络有关联，也与企业外部网络有关联，研究焦点集中于集团内外部网络以及基于知识流动的管控。三个研究视角的已有文献在前提假设、研究聚焦和基础理论方面均有差异，对企业优势的来源、母子公司关系、控制机制等方面也持有不同的观点，本研究对它们在上述方面的差异进行了总结和比较。

在文献回顾的基础上，本研究结合我国企业集团管控的实际情况，拟从母公司统一管理视角研究问题，以权变理论为基础构建概念框架，分别探讨基于外部环境、子公司特征、公司战略对企业集团管控与企业绩效间关系的影响，并进一步探索集团管控与协同效应实现的关系。对于外部环境，研究其在动态性、慷慨性和复杂性三个维度上对管控的影响。对于子公司特征，从子公司规模、成熟度战略差异化等方面探讨对集团管控的影响。企业战略分为公司层战略和业务层战略，公司层战略主要考虑多元化程度的影响，业务层战略按照波特的分类，分别研究低成本、差异化战略的影响。对于母子公司管控探讨两个维度：管控程度和管控方式，后者可分为正式管控和非正式管控。

在概念框架的基础上，本研究共提出 44 个假设。其中，环境动态性、环境慷慨性和环境复杂性、母公司多元化程度、子公司多元化程度和差异化战略，会正向调节管控程度与企业绩效、正式管控与企业绩效间的关系，同时会负向调节非正式管控与企业绩效间的关系；低成本战略会负向调节管控程度与企业绩效、正式管控与企业绩效间的关系，同时会正向调节非正式管控与企业绩效间的关系；子公司规模会正向影响母公司管控程度、正式管控方式，子公司成熟度会正向影响管控程度并负向影响正式管控方式，子公司战略差异化会负向影响管控程度并正向影响正式管控方式。

为了验证理论假设，本研究向在集团公司子公司层面工作的管理者发放问卷297份，共收回问卷110份，回收率为37%。对收到问卷中重要信息缺失及随机性较强的无效问卷进行选择剔除。最终得到有效问卷87份，有效率为29.3%。本研究采用层次回归模型检验假设，回归处理前先对管控变量和调节变量进行标准化处理，计算交互项。在数据处理过程中，首先放入控制变量，然后放入环境变量、企业战略变量和管控变量，最后分别放入各个调节变量与管控变量的交互项，检验调节效应。从检验结果来看，只有部分假设获得了验证。在外部环境对集团管控的影响方面，研究发现，外部环境不会影响集团管控程度，但环境慷慨性和环境复杂性会影响管控方式选择：当环境慷慨性较低时，母公司对子公司越多采用非正式管控，公司绩效越差；当环境复杂性较高时，母公司对子公司越多采用正式管控，公司绩效越差；当环境复杂性较低时，母公司对子公司越多采用正式管控，公司绩效越好。在子公司特征对集团管控的影响方面，子公司规模不影响管控程度，但会影响管控方式选择：子公司规模越大，采用正式化管控方式更加有利；子公司成熟度既不影响管控程度，也不影响管控方式；子公司战略差异化会对两者都产生影响，战略差异化程度越高，越应降低管控程度，并采用非正式的方式对子公司进行管控。在企业战略对集团管控的影响方面，母公司多元化程度不影响管控程度但影响管控方式：当母公司多元化程度较低，即专业化程度较高时，加强正式管控会提升公司绩效；子公司多元化程度也不影响管控程度而只影响管控方式：子公司多元化程度会负向调节正式管控与企业绩效的关系，子公司多元化程度越低，越适合采用正式方式对其进行管控；子公司的业务战略影响管控方式而不影响管控程度：当子公司实施低成本战略的程度较高时，母公司不宜对子公司采用非正式管控；当子公司业务差异化程度较低时，也不宜采用非正式管控。在协同效应产生机制方面，当外部环境变化较快时（动态性高），加大管控程度有利于协同效应实现；当外部环境复杂性较高时，采用正式管控有利于协同效应实现，采用非正式管控会阻碍协同效应实现。本书还对研究结果进行了讨论。

  本书最后对研究进行了总结和展望。与已有研究成果相比，本研究的理论贡献主要体现在三个方面。首先，从经济转型期中国企业集团的独特性出发，系统地将权变理论应用到对于母子公司管控的分析中，构建了母子公司管控的理论模型。西方企业集团管控理论是在相对自由的市场经济基础上总结得到的，而我国经济转型期企业集团与西方企业在许多方面都表现出差异；而且此前国内对母子公司管控的研究主要采用委托代理理论或交易成本理论，虽然也有基于权变理论的视角，但是很少对提出的理论问题进行实证检验，也较少对外部环境和母子公司管控等进行系统的阐述。本研究构建的模型系统地考虑了在不同的外部环境和企业战略情境下，如何进行母子公司管控更有利于提升企业绩效，在一定程度上丰富了现有母子公司管控的理论研究，对于集团公司管理框架设计也具有一定的参考价值。

其次，通过问卷调查数据实证检验了外部环境对母子公司管控的调节作用，考察了经济转型期我国经济环境的特殊性对母子公司管控的权变影响。从外部环境的动态性、慷慨性和复杂性三个维度出发，检验了在不同的环境状态下，母公司如何设计对子公司的管控程度和管控方式。研究发现，当环境慷慨性较低时，减少非正式管控方式的使用有利于改善企业绩效；当环境复杂性较低时，增加正式管控会提高企业绩效。

最后，从公司战略和业务战略两个层面考察了母子公司管控与企业战略的整合问题。根据实证检验结果可知，当母公司多元化程度较低时，即专业化或相关多元化经营时，母公司对子公司越多地采用正式管控方式，越有利于提升企业绩效。从业务战略的角度来看，当子公司采用低成本战略时，减少非正式管控有利于提升企业绩效；当子公司采用差异化战略时，增加非正式管控有利于提升企业绩效。

本研究在范围和样本数据方面存在一定局限，可能会影响研究结果的外部效度等问题。今后可以通过检验更多组织变量、利用多重数据或纵向数据，并探讨母子公司管控对其他因素的影响，推进本领域研究更加深入。

目 录

第1章 引 言 ... 1
1.1 研究背景与研究意义 ... 1
1.1.1 研究背景 ... 1
1.1.2 研究意义 ... 8
1.2 问题提出及概念界定 ... 11
1.2.1 研究问题的提出 ... 11
1.2.2 概念界定 ... 13
1.3 研究思路与方法 ... 17
1.3.1 研究思路 ... 17
1.3.2 研究方法 ... 18
1.4 研究的创新点 ... 19
1.5 本章小结 ... 20

第2章 研究综述 ... 22
2.1 母子公司管控研究脉络梳理 ... 22
2.2 母公司统一管理视角的研究 ... 26
2.2.1 母子公司管控模式与机制 ... 26
2.2.2 母子公司管控机制的选择与实施 ... 35
2.3 子公司自主发展视角的研究 ... 40

2.4 母子公司关系网络视角的研究 ………………………………… 46
2.5 不同研究视角的总结评述 ……………………………………… 54
2.6 研究视角的选择 ………………………………………………… 57
2.7 本章小结 ………………………………………………………… 58

第3章 基于外部环境的企业集团管控 ………………………………… 60
  3.1 研究假设 ………………………………………………………… 62
    3.1.1 环境动态性 ……………………………………………… 63
    3.1.2 环境慷慨性 ……………………………………………… 66
    3.1.3 环境复杂性 ……………………………………………… 69
  3.2 研究设计 ………………………………………………………… 71
    3.2.1 样本来源 ………………………………………………… 71
    3.2.2 变量测量 ………………………………………………… 71
    3.2.3 子公司管控 ……………………………………………… 73
    3.2.4 因变量 …………………………………………………… 75
    3.2.5 控制变量 ………………………………………………… 75
    3.2.6 检验模型 ………………………………………………… 76
  3.3 实证检验与讨论 ………………………………………………… 79
    3.3.1 描述性统计分析 ………………………………………… 79
    3.3.2 假设检验与讨论 ………………………………………… 84
  3.4 本章小结 ………………………………………………………… 92

第4章 基于子公司特征的企业集团管控 ……………………………… 94
  4.1 文献回顾与研究假设 …………………………………………… 95
  4.2 研究设计 ………………………………………………………… 98
  4.3 实证结果分析 …………………………………………………… 99
    4.3.1 子公司规模对集团管控的影响 ………………………… 99
    4.3.2 子公司业务成熟度对集团管控的影响 ……………… 100

4.3.3 子公司业务战略对集团管控的影响 …………… 100
4.4 结论 ………………………………………………………… 100
4.5 本章小结 …………………………………………………… 101

第5章 基于公司战略的企业集团管控 …………………………… 102
5.1 引言 ………………………………………………………… 102
    5.1.1 多元化战略与集团管控 ……………………………… 102
    5.1.2 竞争战略与集团管控 ………………………………… 107
5.2 研究假设 …………………………………………………… 112
    5.2.1 多元化战略 …………………………………………… 113
    5.2.2 竞争战略 ……………………………………………… 118
5.3 研究设计 …………………………………………………… 125
    5.3.1 样本来源 ……………………………………………… 125
    5.3.2 变量测量 ……………………………………………… 125
5.4 实证检验与讨论 …………………………………………… 128
    5.4.1 描述性统计分析 ……………………………………… 128
    5.4.2 假设检验与讨论 ……………………………………… 128
5.5 本章小结 …………………………………………………… 144

第6章 集团管控与协同效应实现的关系
    ——环境特征的调节作用 ………………………………… 146
6.1 文献回顾与研究假设 ……………………………………… 148
    6.1.1 母子公司管控对协同效应的影响 …………………… 149
    6.1.2 外部环境的调节作用 ………………………………… 151
6.2 研究设计 …………………………………………………… 159
    6.2.1 样本来源 ……………………………………………… 159
    6.2.2 变量测量 ……………………………………………… 159
    6.2.3 检验模型 ……………………………………………… 160

6.3 实证检验与讨论 …………………………………………… 161
　　6.3.1 描述性统计分析 ……………………………………… 161
　　6.3.2 假设检验与讨论 ……………………………………… 161
6.4 结论与展望 ………………………………………………… 166
6.5 本章小结 …………………………………………………… 167

第7章 企业集团权变管控的措施与建议 ………………………… 168
7.1 企业集团权变管控框架构建 ……………………………… 168
　　7.1.1 母子公司管控的权变设计 …………………………… 168
　　7.1.2 母子公司管控的战略整合 …………………………… 170
7.2 企业集团管控中存在的主要问题 ………………………… 171
　　7.2.1 集团治理层面存在的问题 …………………………… 171
　　7.2.2 集团管理层面存在的问题 …………………………… 172
7.3 提升集团管控水平的对策建议 …………………………… 174
　　7.3.1 治理层面的对策建议 ………………………………… 174
　　7.3.2 管理层面的对策建议 ………………………………… 176

第8章 结论与展望 …………………………………………………… 179
8.1 研究结论 …………………………………………………… 179
8.2 研究的局限性 ……………………………………………… 180
8.3 研究的展望 ………………………………………………… 180

附　录 …………………………………………………………………… 182

参考文献 ………………………………………………………………… 187

第1章 引 言

1.1 研究背景与研究意义

1.1.1 研究背景

企业集团是企业发展到一定程度以后出现的一种克服市场失效和组织失灵的组织制度安排。[1] 纵观欧美发达国家的经济发展，在很大程度上是依靠一大批稳定发展的国际跨国公司。我国自1987年结合企业改革和企业组织结构调整，开始大力推动集团公司的组建工作。加入世界贸易组织（WTO）以后，中国更加全面融入全球化竞争潮流中，国内企业不仅要在国内市场上与跨国公司展开正面竞争，也要走出去到国际市场上直接应对国际跨国公司的挑战和压力。因此，培育和发展一批具有国际竞争力的大企业集团，成为国企改革和中国企业应对国际竞争的重要举措（陈佳贵，2002）。[2] 经过多年

---

[1] 罗宣. 我国母子公司构架下的子公司网络化成长机制研究 [D]. 杭州：浙江大学，2007.
[2] 陈佳贵. 培育和发展具有核心竞争力的大公司和大企业集团 [J]. 中国工业经济，2002（2）：5－10.

的发展，我国大企业集团的培育工作取得了明显成效。2005年我国企业进入世界500强的数量为16家，此后这一数量逐年稳步增长。到2012年，我国上榜世界500强的企业达到73家（见图1-1），在数量上仅次于美国。

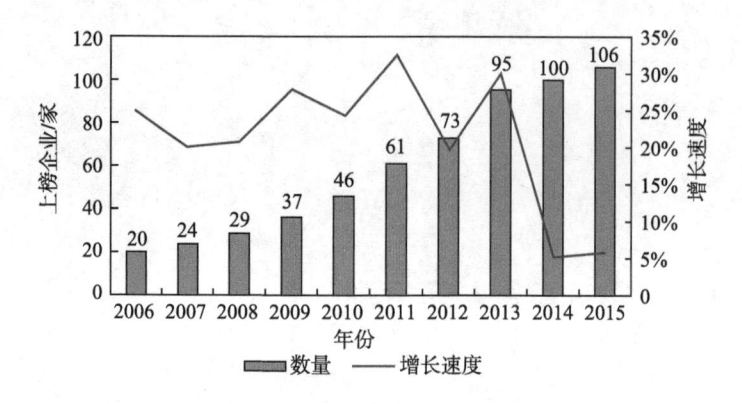

图1-1 2006—2015年世界500强中国企业上榜数量变化情况
数据来源：财富中文网。

经过20多年的发展，集团公司在我国国民经济中的龙头作用越来越显著。集团公司发展的好坏将直接关系我国经济的规模化发展（陈佳贵，2002）。如图1-2所示，2016年我国500强企业营业收入总和占国内生产总值（GDP）的比重为87.87%，较前5年略有下降，2011—2016年这一比重持续保持在87%以上，2014年占比最高，达96.43%。

尽管多年来我国企业集团在诸多方面均取得长足的进步，而且大多数企业已经成为其所在行业的国内排头兵，但是，从全球化的视角来看，我国大型企业还存在很多差距和不足，这不仅表现在规模和装备水平等硬实力方面，还表现在软实力方面，尤其是管理水平、信息化水平和国际化经营能力。

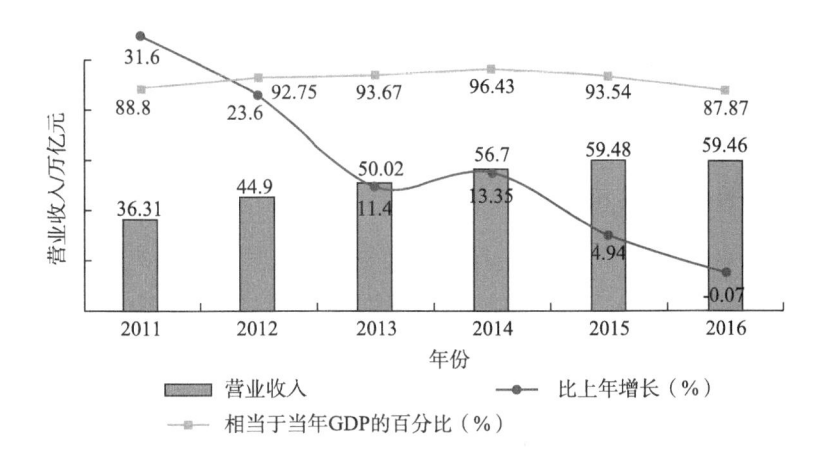

图 1-2 2011—2016 年中国前 500 家企业集团营业收入及其占 GDP 的比重
数据来源：IUD 领导决策数据分析中心。

因为我国企业集团发展的时间相对较短、历史积累较少，与世界 500 强企业相比，在规模上仍有较大的差距。尽管在加入 WTO 以后，我国企业规模不断扩大，2010 年我国前 500 家大企业集团的营业收入却只相当于当年世界前 500 家企业的 18.55%，如图 1-3 所示。可见我国 500 强企业与世界 500 强企业之间的差距还是很大的。

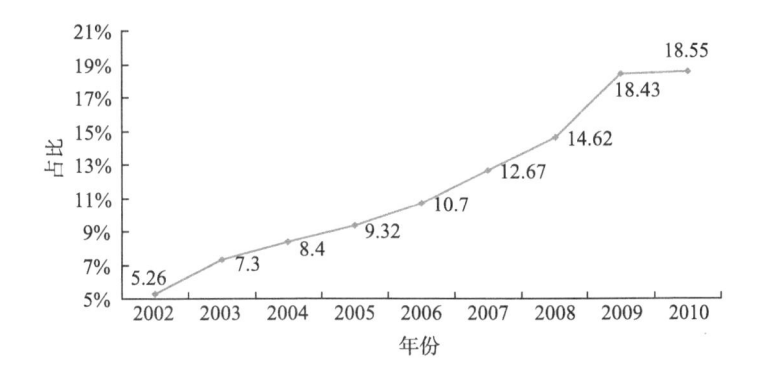

图 1-3 2002—2010 年我国前 500 家大企业集团营业收入与世界 500 强企业营业收入之比
资料来源：张文魁. 中国大企业集团年度发展报告（紫皮书）·2011 [M]. 北京：中国发展出版社，2012.

同时我们还应看到，中国的大企业集团多集中于具有垄断优势的大型国有企业，如国有能源企业、国有银行等，巨大的市场份额较多依赖于资源控制，具有垄断色彩，并非真正意义上市场竞争的结果。如表1-1所示，进入2015年世界500强的我国大陆地区企业前十名中，包括四家国有能源企业和四大国有银行，还有中国移动和中国建筑工程总公司，均为大型国有企业。从总体上来看，我国企业集团长期以来形成的粗放型增长方式没有得到根本改变。

表1-1 2015年世界500强中我国大陆地区企业前十名

序号	世界500强排名	企业名称	营业收入/百万美元
1	2	中国石油化工集团公司	446811
2	4	中国石油天然气集团公司	428620
3	7	国家电网公司	339426.50
4	18	中国工商银行	163174.90
5	29	中国建设银行	139932.50
6	36	中国农业银行	130047.70
7	37	中国建筑股份有限公司	129887.10
8	45	中国银行	120946
9	55	中国移动通信集团公司	107529.40
10	60	上海汽车集团股份有限公司	102248.60

资料来源：财富中文网。

此外，与国际优秀企业相比，我国大企业集团在管控机制、创新能力、自主品牌及国际化经营方面仍存在诸多不足，在一定程度上制约着企业的持续发展。世界一流企业往往都有健全的集团管控体系，从战略决策层面到具体业务层面都严格执行规定的管理流程。我国大企业在集团管理方面和世界一流水平仍有较大差距（张文魁，2012）。❶ 从长远来看，强化集团管控，加快创新步伐，优化业务结构，加强品牌建设，增强国际竞争力和影响力，是我国企业集团健康可持续发展的必经之路。

展望未来，我国企业集团应清醒地认识到自身发展所处的国内外环境，审时度势，稳定高效地规划企业的跨越发展之路，提高国际竞争能力。在自己发展实力的基础上积极发掘国际产业投资机会，通过改良融资渠道、整合产业链等多种兼并收购形式，加快我国企业的海外并购步伐，积极实施"走出去"战略，实现企业的跨越式发展。2011年中国大陆地区企业的海外并购数量达到206宗（见图1-4），并购金额达到425亿美元；2015年中国大陆地区企业海外并购数量达到382宗，较2011年增加了85.4%，并购金额达到了674亿美元，较2011年增加了58.6%。❷

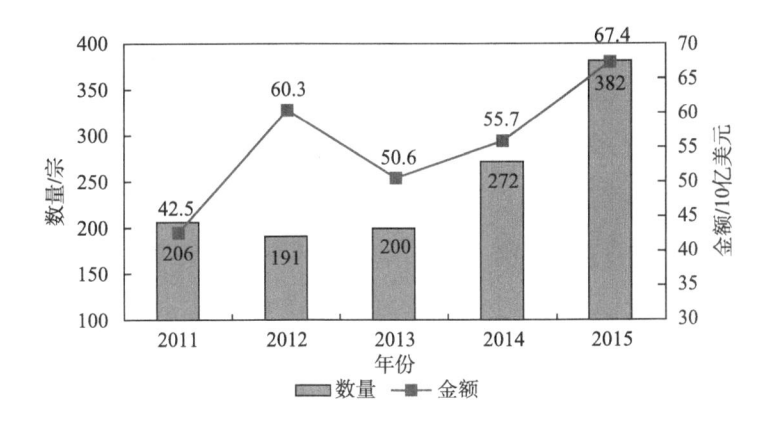

图1-4 2011—2015年中国大陆地区企业海外并购数量

数据来源：普华永道研究报告《2015年中国企业并购市场回顾与2016年展望》，2016年1月。

---

❶ 张文魁. 中国大企业集团年度发展报告（紫皮书）·2011 [M]. 北京：中国发展出版社，2012.

❷ 普华永道研究报告《2015年中国企业并购市场回顾与2016年展望》，2016年1月。

我国企业完成海外并购交易后，需要合理地协调海外子公司与母公司及其他子公司之间的关系，确保海外子公司真正融入集团公司的管理体系。集团公司要维护出资者权益，参与子公司管理、选择经营者，并对子公司行使股权控制，同时也要维护子公司经营自主权，既要发挥母公司的主导作用，也要尽可能地调动子公司的经营主动性。子公司在行使经营自主权的同时，要服从母公司的整体规划，接受母公司的监管，为实现集团整体目标服务。

集团公司对子公司的管控机制是企业集团管控的"经脉"，只有通过这些"经脉"，母公司才能保持对子公司运作状况的监控，企业才能实现高效健康的发展。一方面，集团公司要有效处理国内外各业务板块间、子公司间的竞合关系，整合企业内部资源，形成与竞争对手相抗衡的综合竞争能力，提高企业效益和可持续发展能力。另一方面，集团公司还应结合企业实际情况，有选择地将海外子公司的研发、供应链、营销、品牌等纳入管控范畴，以实现资源的高度整合。但从我国企业集团的惯例来看，这方面的经验和能力还比较欠缺。

从理论研究方面来看，我国学者自20世纪80年代中期开始探讨企业集团的研究（钟裕高、劳炯基，1985；朱敏等，1986；郑海航，1986；沈志渔，1987；陈志军、汪镇全，1988；徐金发，1988），主要研究集团的组建原则、管理体制、利益分配，以及中外企业集团的比较等。此后国内集团研究逐步深化，讨论企业集团的形成动因、母子公司管理体制、企业集团的成长和发展等问题（汪建康，2010），[1]形成了以组织网络理论、产权理论和企业兼并理论

---

[1] 汪建康.企业集团子公司主导行为与公司治理评价［M］.北京：经济科学出版社，2010.

为导向的中国特色企业集团理论（毛蕴诗、李新家、彭清华，2000）。❶ 随着企业集团的发展，此后研究开始关注集团内部的母子公司管理（葛晨、徐金发，1999；张文魁，2003；王凤彬，2008；陈志军，2007）。从整体上看，集团管控研究的主要内容之一是根据我国集团公司发展的现状总结出集团管控的模式。

虽然现有研究成果具有相当高的理论价值，但是现有集团公司管理理论还可以从两个方面取得进一步的发展。首先，集团公司管理的研究可以进一步利用国内企业集团的经验数据，构建中国情境下的集团公司管理理论。该领域现有研究视角集中于国外跨国公司，理论多以发达国家的企业经验数据为基础。少数研究发展中国家集团公司的学者也只是从宏观层面分析集团公司成长战略的形成原因，缺少利用中国企业集团经验数据探讨这一问题的实证研究。其次，国内现有集团公司管控方面的研究大多集中于研究集团管控模式，这些研究对母子公司管控模式的分类结果各异，但不同分类方式均涉及母公司对子公司管控程度的高低，而且较少探讨管控模式选择的影响因素。

另外，我国的企业集团大多采用多元化经营，多元化经营能为企业降低经营风险，实现协同效应，❷ 从而提升企业的绩效。但是已有研究的发现却与此判断大相径庭。除了少数研究发现了多元化与企业绩效间的正向关系外，更多的研究结果证实多元化与企业绩效不存在因果关系（Grant et al.，1988）或存在负向关系。例如 Amit

---

❶ 毛蕴诗，李新家，彭清华. 企业集团：扩展动因、模式与案例 [M]. 广州：广东人民出版社，2000.
❷ DATTA D K, RAJAGOPALAN N, RASHEED A M A. Diversification and Performance: Critical Review and Future Directions [J]. Journal of Management Studies, 1991 (28): 529–558.

和 Livnat（1980）、[1] Lang 和 Stulz（1994）、[2] Berger 和 Ofek（1995，1996）[3][4] 的研究均发现多元化不仅不能提升公司的绩效，而且会显著地给企业带来价值损失。自 20 世纪 90 年代中后期以来，我国的一些学者利用国内的经验数据研究多元化与企业绩效之间的关系，也没有发现两者之间的正向关联（朱江，1999；张卫国等，2002；马洪伟、蓝海林，2001；黄山等，2008；邹昊等，2007），甚至有的研究发现多元化会降低企业的绩效（姚俊等，2004；洪道麟、熊德华，2006；艾健明、柯大钢，2007）。

多元化导致低劣的企业绩效，原因可能来自于多元化发展战略的实施条件和执行方式（杨林、陈传明，2005）。[5] Leontiades（1986）[6] 进一步认为，实施多元化发展战略企业之间的绩效差异可归因于这些企业的管理系统（如报酬和控制系统）和领导才能。因此，可以通过探讨多元化企业的母子公司管控来解释多元化的低效率问题。

1.1.2 研究意义

面对我国企业集团加速发展的现状，虽然有大批学者探讨集团

---

[1] AMIT R, LIVNAT J. Diversification Strategies, Business Cycles, and Economic Performance [J]. Strategic Management Journal, 1980, 9 (2): 99 – 110.

[2] LANG H P, STULZ R M. Tobin's Q, Corporate Diversification and Firm Performance [J]. Journal of Political Economy, 1994 (102): 1248 – 1280.

[3] BERGER P G, OFEK E. Diversification's Effect on Firm Value [J]. Journal of Financial Economics, 1995 (37): 39 – 65.

[4] BERGER P G, OFEK E. Bustup Takeovers of Value-Destroying Diversified Firms [J]. The Journal of Finance, 1996, 51 (4): 1175 – 1200.

[5] 杨林，陈传明. 多元化发展战略与企业绩效关系研究综述 [J]. 外国经济与管理，2005, 27 (7): 34 – 43.

[6] LEONTIADES M. The Rewards of Diversifying into Unrelated Businesses [J]. Journal of Business Strategy, 1986, 6 (4): 81 – 87.

公司问题，但总体上看，国内相关理论研究略显得相对滞后。国内集团公司在很大程度上是在转型时期特殊的制度、经济和文化框架下发展起来的，与一个在相对自由的市场经济体制下形成的企业成长机制有所不同。[1] 因此，在我国集团公司管理实践中直接引入西方企业母子公司理论，容易出现水土不服的情况。我国集团公司发展中现实问题的解决，既需要借鉴西方跨国公司子公司的相关理论研究，更需要结合我国的实际情况。

在后金融危机时代，从中国企业集团的独特性出发，研究如何通过协调内部集团公司成员企业之间的关系，合理、有效地构建外部网络关系，提升企业能力，引导我国企业有效成长壮大，在全球经济发展中发挥更加重要的作用，具有重要的理论意义和现实意义。

1.1.2.1 理论意义

首先，通过系统地总结我国30多年集团公司管控的经验，可逐步形成中国情境下的母子公司管控理论。发达国家以及发展中国家的母子公司产生、发展的事实使母子公司的价值得以清楚阐释。而国外跨国公司成长与发展的理论研究与实践已经证明了母子公司是国家经济发展中最重要的推动主体，子公司是母子公司获取竞争优势、发挥国家经济发展主体推动作用的重要贡献者。在我国进行经济发展方式转变的关键历史时刻，进行西方相关理论的外部有效性研究和我国集团公司管理的本土化研究显得极其重要，这对于验证与拓展现有理论，并逐步建立中国情境下的母子公司管控理论具有重要的理论意义。

其次，通过检验多元化经营企业母子公司管控对企业绩效的影

---

[1] 罗宣. 我国母子公司构架下的子公司网络化成长机制研究[D]. 杭州：浙江大学，2007.

响，可以进一步解释多元化战略与企业绩效的关系。虽然从理论上来看，多元化会有利于企业绩效，但实证研究的结果却大多与之相反。我国的企业集团实行多元化战略时，一般通过母子公司结构，利用不同的子公司经营不同业务。如果多元化企业对各业务单元进行良好的管控和领导，是否会提升经营绩效呢？因此，通过研究多元化企业的母子公司管控问题，可以帮助解释多元化与企业绩效的关系，即多元化会无益于企业绩效可能是因为没有进行合理的管控。

1.1.2.2 现实意义

首先，通过对现有集团公司管理的经验进行系统的梳理，可以为现有国内集团公司管理实践提供有益的指导。帮助集团公司对子公司进行更加合理的管控，确保各业务单位与集团的战略方向协调一致，全面提升集团公司管理水平，强化我国企业经营过程中的风险防范能力，增强集团公司的整体竞争力，促进企业集团整体发展战略目标的实现，从而更好地推动我国经济发展方式转变，实现国民经济的稳定快速发展。

其次，中国集团公司管控理论的研究，可以为我国企业对海外子公司进行合理的管控提供决策参考。我国企业要"走出去"进行国际化经营，国外企业一般以独立的子公司方式存在，海外子公司的经营必然不是孤立的经营行为，而是与企业的整体发展相关联的，因而海外公司能否健康发展，主要取决于集团公司的管控能力。只有将海外公司真正融入母公司，在集团公司的全面调控下，充分发挥整个公司的资源优势，才能避免海外公司成为经营孤岛，从而实现整个公司的有机增长，切实达到国际化的根本目的。

1.2 问题提出及概念界定

1.2.1 研究问题的提出

虽然当前国内外对母子公司管控的理论研究成果较为丰富，众多学者按照不同的标准提出了不同的母子公司管理控制模式，但是对于企业该如何选择这些管控模式的研究较少。管控模式没有统一的标准，只有最适合一个集团某一时期的管控模式。母子公司管控模式应随着集团的发展和产业的扩大而不断演化，根据外部环境的变化和企业战略的调整，而不断调整企业集团的管控体系。

从外部环境的角度考虑，组织面对不同的环境，必须以不同的组织形式加以对应，而集团中各子公司所面对的环境差异，如何以不同的母子公司间关系来适应不同的外在环境是一个非常重要的议题（Lawrence and Lorsch，1967；Thompson，1967）。❶❷ 权变管理理论认为环境变量和组织变量的协调状况会影响组织管理的绩效，没有一个统一的组织模式能适用于所有的情境，最好的组织模式是与环境相协调的模式。

从企业战略的角度来考虑，管理控制是战略和员工业绩之间的桥梁，相同的战略，基本相同的员工，如果管理控制不同，员工业绩也不同（Todd，1977）。❸ 也就是说，在相同的战略下，不同的管

---

❶ LAWRENCE P, LORSCH J. Differentiation and Integration in Complex Organizations [J]. Administrative Science Quarterly, 1967, 12 (1): 1–47.
❷ THOMPSON J D. Organizations in Action [M]. New York: McGraw–Hill, 1967.
❸ TODD J. Management Contrl Systems: A Key Link Between Strategy, Structure and Employee Performance [J]. Organization Dynamics, 1977, Spring.

理控制系统会导致不同的员工业绩,从而组织的整体业绩也不同。因此企业必须设计与战略相匹配并且与员工特点相适应的管理控制系统,才能使战略得到较好的实施。我国学者郑石桥(2006)也认为战略的实施需要一个管理机制来支持,如果管理机制不支持业务单元战略,会导致该业务战略难以顺利地实施,从而损害企业的经营业绩。[1] Simons(1990)[2] 指出不同的战略要求不同的管理控制系统,而且管理控制系统不仅是实现战略的工具,还能在战略形成、调整或新战略的提出过程中发挥作用。企业战略一般分为公司层战略、业务层战略和职能层战略三个层次。本研究中只考察公司战略和业务战略对母子公司管控的影响。

由于不同产权安排的企业组织并存和相互作用,我国企业集团的发展较西方企业更加复杂和形式多样。我国集团公司框架下的母子公司管控更是呈现出与西方企业的明显差异。因此,本研究把我国集团公司构架下的母子公司管控作为研究对象,从我国企业集团的独特性出发,探讨我国集团公司对子公司管控方面需要解决的两个关键问题:①外部环境如何影响子公司管控的决策问题,即在不同的外部环境情境下,母公司如何对子公司管控,更有利于提升公司绩效;②企业战略如何影响子公司管控的决策问题,即当集团公司或子公司采取不同的公司战略或业务战略时,母公司如何对子公司管控,更有利于提升子公司的绩效。外部环境、企业战略、子公司特征与母子公司管控间的关系构建如图1-5所示。

---

[1] 郑石桥. 管理控制实证研究 [M]. 北京:经济科学出版社,2006:365.
[2] SIMONS R. The Role of Management Control Systems in Crating Competitive Advantage: New Perspective [J]. Accounting, Organization and Society, 1990, 15 (1/2): 127 – 143.

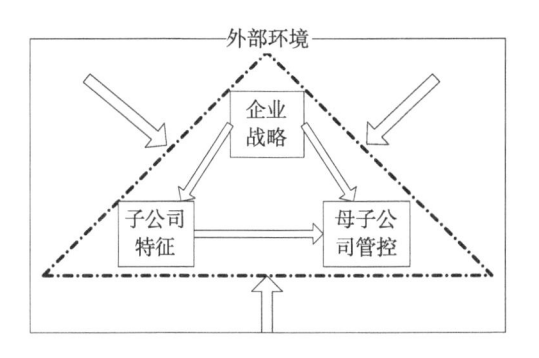

图 1-5 外部环境、企业战略、子公司特征
与母子公司管控间的关系构建

1.2.2 概念界定

1.2.2.1 企业集团

对于企业集团的定义不同的学者表述各异。日本学者占部都美认为企业集团是在维持各参与企业独立性的基础上，采用股份所有关系、高级管理者派遣等手段结合起来的两个以上企业的集合形态，它们依靠资本共享、营业和金融等方面带来的高水准效率。❶ 企业集团是一个动态的范畴，随着生产要素、技术革新，以及国内外经济等条件的变化，集团的目标和成员企业等也会发生变化。我国学者席酉民、梁磊等人（2003）❷认为企业集团是一些具有相对独立性的企业为了适应市场环境和企业内部组织的变化，按照特定要求和借助某些机制相互结合而形成的企业有机联合体。企业集团是一群法律上互相独立公司的集合，这些公司因为一些正式或非正式的约

---

❶ 李非. 企业集团理论：日本的企业集团 [M]. 天津：天津人民出版社，1994.
❷ 席酉民. 企业集团发展模式与运行机制比较 [M]. 北京：机械工业出版社，2003.

束而结合在一起（吴志刚，2004）。❶ 原国家工商行政管理总局（现国家市场监督管理总局）1998年发布的《企业集团登记管理暂行规定》中也给出了企业集团的定义："企业集团是指以资本为主要联结纽带的母子公司为主体，以集团章程为共同行为规范的母公司、子公司、参股公司及其他成员企业或机构共同组成的具有一定规模的企业法人联合体。企业集团不具有企业法人资格。"陈志军（2006）❷ 在探讨母子公司管理控制问题时沿用此定义，并指出此定义把企业集团限定为母子公司型企业集团，是对企业集团相对狭义的界定。本研究中涉及的企业集团均沿用《企业集团登记管理暂行规定》给出的定义。

1.2.2.2 母公司

母公司是企业集团中起主导作用的核心企业，是企业集团中通过股权联结获得控制地位的核心公司，它在企业集团中起主导作用：对外代表企业集团，对内影响集团成员企业的发展战略、经营方向和产品类型等。❸ 母公司通过产权等多种联结纽带掌握子公司的控制性股权，对子公司实施战略、文化、人事和财务等方面的管理控制。

1.2.2.3 子公司

子公司是相对于母公司而言的法人企业，其资本金全部或部分来源于母公司的投资。由一级子公司再投资设立的公司为二级子公司，以此类推，则为三级、四级子公司。高一级的子公司也是低一级子公司的母公司。《企业集团登记管理暂行规定》第四条指出

---

❶ 吴志刚. 企业集团内部控制型态与企业绩效关系研究［D］. 徐州：中国矿业大学，2004.
❷ 陈志军. 母子公司管理控制研究［M］. 北京：经济科学出版社，2006.
❸ 山东大学企业发展研究中心. 大跨越：中国企业发展探索与研究［M］. 济南：山东人民出版社，1999.

"子公司应当是母公司对其拥有全部股权或者控股权的企业法人"。因此，按母公司对子公司的控制程度不同，子公司可以分为全资子公司和控股子公司，其中控股子公司又可分为绝对控股子公司和相对控股子公司。全资子公司是指母公司持有其100%股权的子公司。绝对控股子公司是指母公司持有其50%以上股权，掌握其绝对控制权力的子公司。相对控股子公司是指母公司出资额或者持有其股份比例虽然不足50%，但依出资额或所持有股份而享有的表决权足以对其股东会、股东大会的决议产生重大影响的子公司。

1.2.2.4 母子公司管控

母子公司管控是指为了实现集团的战略目标，母公司对下属企业或部门采用层级管理控制、资源协调分配、经营风险控制等策略和方式，使得集团组织架构和业务流程达到最佳运作效率的管理体系。在学术研究中，管控被认为是一个多维度的构念（Tanenbaum，1968；Simons，1994），Geringer和Hebert（1989）[1]认为管控包括三个维度：管控程度、管控方式和管控范围。管控程度指母公司对于子公司决策的分权程度。管控方式有不同的解释，一般将管控方式分为正式管控和非正式管控。管控范围指母公司对子公司行动管控的多或少。在此前的研究成果中，对管控范围这一维度的研究较少，而且有的学者认为，管控范围可以被整合到管控程度中（Lovett，Perez-Nordtvedt, and Rasheed, 2009）[2]。因此，本研究将管控视为包括管控程度和管控方式两个维度的构念。

---

[1] GERINGER J M, HEBERT L. Control and Performance of International Joint Ventures [J]. Journal of International Business Studies, 1989, 22 (2): 235-254.
[2] LOVETT S R, PEREZ-NORDTVEDT L, RASHEED A A. Parental Control: A Study of U. S. Subsidiaries in Mexico [J]. International Business Review, 2009 (18): 481-493.

管控方式有不同的解释，Martinez 和 Jarillo（1989）[1] 将组织协调分为两大类：正式的管控机制和非正式的管控机制，并对这两种方式进行了比较。Morrison 和 Roth（1992）[2] 研究指出，总部（母公司）通过对子公司的营销、制造、人力资源和一般性的日常管理决策对子公司施加正式控制。一般而言，母公司采用集权管理时会更多地使用正式的管控机制，采用分权管理时，会注重非正式管控机制的使用。本研究将沿用 Martinez 和 Jarillo（1989）的分类，将管控方式分为正式管控和非正式管控，见表1-2。

表1-2 正式管控与非正式管控的比较

正式管控	非正式管控
1. 集权化：决策的核心处于较高层的指挥链中 2. 正式化：政策、规划、工作说明书等，将其制作成手册或其他形式的文件，目的是引导建立标准的作业程序或通则 3. 规划：主要指系统程序，如战略规划、预算、时间表的建立、目标设定、功能性的计划，其目的是指导独立单位的活动 4. 产出控制：对组织单位的各项管理所呈报的档案、记录及报告所做的评估 5. 行为控制：以对部属进行直接或个人的监督为基础	1. 平行关系：组织垂直结构的切断面，包括不同部门经理人员组成的工作小组、团队合作和委员会等 2. 非正式沟通：有不同关系的非正式沟通或者是个人接触之间创建沟通网络，包括公司会议或研讨会、个人拜访以及经理人的轮调 3. 组织文化发展：通过塑造相同的行事风格、沟通决策的方式、公司的目标与价值观，对个人所进行的社会化过程

资料来源：Martinez 和 Jarillo（1989）。

---

[1] MARTINEZ J I, JARILLO J C. The Evolution of Research on Coordination Mechanisms in Multinational Corporations [J]. Journal of International Business Studies, 1989, 3 (20)：489-514.

[2] MORRISON A J, ROTH K. The Regional Solution：An Alternative to Globalization [J]. Transnational Corporations, 1992, 2 (1)：37-55.

1.3 研究思路与方法

1.3.1 研究思路

权变管理理论强调在管理中要根据组织所处的内外部条件随机应变,针对不同的具体条件寻求不同的最合适的管理模式、方案或方法。因此,本研究将探讨在不同的环境状况下,以及集团公司选择不同的公司战略、子公司采用不同业务战略时,如何设计合理的管控体系。通过问题的解决可以为实践提供理论指导:在某种条件下,企业该选择何种程度的管控及怎样的管控方式。据此,企业可以选择合适的管控模式,从而使企业的管控达到预期的效果。本研究的概念框架如图1-6所示。

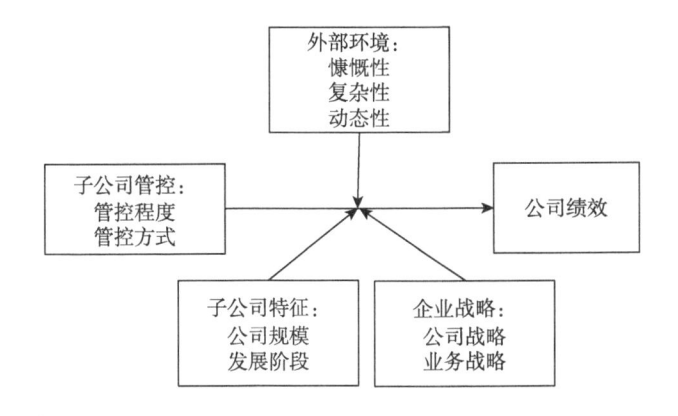

图1-6 本研究的概念框架

为了实现预期的研究目标,本研究采用文献研究与实证研究相结合的方法。通过对前人研究成果的总结及提炼,探讨外部环境和企业战略对母子公司管控的影响;通过实地访谈和问卷调查,向集团公司下属子公司发放问卷,获取相关数据,验证不同因素间的作用机理。本研究的技术路线如图1-7所示。

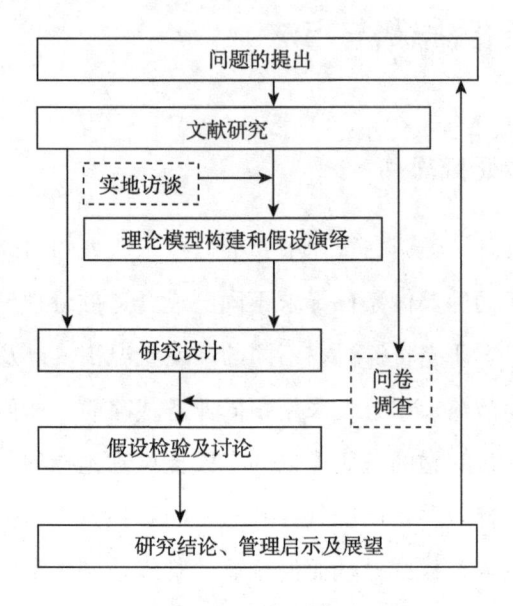

图1-7 本研究的技术路线

1.3.2 研究方法

（1）本研究主要采用文献研究和实证研究相结合的方法。利用文献研究，总结并梳理现有母子公司管控的研究成果，构建理论模型，并确定各个变量的测量方式；通过实证研究，进一步明确理论模型的构建，并实证检验理论模型的显著性。

（2）本研究的数据获取主要通过深度访谈和问卷调查的方法。通过深度访谈，进一步了解外部环境和企业战略对管控决策的影响；利用问卷调查的方式获取数据，检验理论模型。

（3）本研究数据处理拟通过因子分析和多元回归等统计方法。利用因子分析确定变量测量值，通过多元回归探讨外部环境和企业战略与子公司管控及其绩效的关系。

1.4 研究的创新点

本研究的创新点主要体现在如下三个方面。

（1）从经济转型期我国企业集团的独特性出发，系统地将权变理论应用到对于母子公司管控的分析中，从外部环境和企业战略两个方面，构建了母子公司管控的理论模型。西方企业集团管控理论是在相对自由的市场经济基础上总结得到的，而我国经济转型期企业集团与西方企业在许多方面都表现出差异；而且此前国内对母子公司管控的研究主要采用委托代理理论或交易成本理论，虽然也有基于权变理论的视角，但是很少对提出的理论问题进行实证检验，也较少对外部环境和母子公司管控等进行系统的阐述。本研究构建的模型系统地考虑了在不同的外部环境和企业战略情境下，如何进行母子公司管控更有利于提升企业绩效，在一定程度上丰富了现有母子公司管控的理论研究，对于集团公司管理框架设计也具有一定的参考价值。

（2）通过问卷调查数据实证检验了外部环境对母子公司管控的调节作用，考察了经济转型期我国经济环境的特殊性对母子公司管控的权变影响。从外部环境的动态性、慷慨性和复杂性三个维度出发，检验了在不同的环境状态下，母公司如何设计对子公司的管控程度和管控方式，发现当环境慷慨性低时，减少非正式管控方式的使用有利于改善企业绩效，当环境复杂性低时，增加正式管控会提高企业绩效。

（3）从公司战略和业务战略两个层面考察了母子公司管控与企业战略的整合问题。根据实证检验结果可知，当母公司多元化程度较低时，即专业化或相关多元化经营时，母公司对子公司越多地采用正式管控方式，越有利于提升企业绩效。从业务战略的角度来看，当子公司采用低成本战略时，减少非正式管控有利于提升企业绩效；当子公司采用差异化战略时，增加非正式管控有利于提升企业绩效。

1.5 本章小结

集团公司是企业发展到一定程度以后出现的一种克服市场失效和组织失灵的组织制度安排。我国自1987年起结合企业改革和企业组织结构调整，开始大力推动集团公司的组建工作。经过30多年的发展，集团公司在我国国民经济中的龙头作用越来越显著。此外，与国际优秀企业相比，我国大企业集团在管控机制、创新能力、自主品牌及国际化经营方面仍存在诸多不足，在一定程度上制约着企业的持续发展。如何协调海外子公司与母公司及其他子公司之间的关系，确保海外子公司真正融入集团公司的管理体系，是我国进行国际化经营的企业急需解决的问题。在后金融危机时代，研究如何通过协调内部集团公司成员企业之间的关系，合理、有效地构建外部网络关系，提升企业能力，引导我国企业有效成长壮大，在全球经济发展中发挥更加重要的作用，具有重要的理论和现实意义。

本研究采用文献研究与实地调研相结合的方法。通过对前人研究成果的总结及提炼，在权变理论的基础上，探讨外部环境和企业战略对母子公司管控的影响；通过实地访谈和问卷调查，向集团公司下属子公司发放问卷，获取相关数据，验证不同因素间的作用机理。

本研究的创新点主要体现在以下三个方面：首先，从经济转型期我国企业集团的独特性出发，系统地将权变理论应用到对于母子公司管控的分析中，从外部环境和企业战略两个方面，构建了母子公司管控的理论模型；其次，通过问卷调查数据实证检验了外部环境对母子公司管控的调节作用，考察了经济转型期我国经济环境的特殊性对母子公司管控的权变影响；最后，从公司战略和业务战略两个层面考察了母子公司管控与企业战略的整合问题。

第 2 章　研究综述

2.1　母子公司管控研究脉络梳理

近 30 年来，母子公司管控，特别是跨国公司子公司的管控问题在国际管理和战略管理的研究领域中，引起了国内外学者的广泛注意和极大兴趣，也取得了诸多的研究成果。Birkinshaw 和 Hood (1998)[1] 在对跨国公司子公司理论做了系统的大量研究的基础上，把已有的理论定义为三大流派。此后，Birkinshaw 和 Pearson (2001) 在此基础上，按照科层—网络和整体—部分两个维度，将子公司管控的相关文献分为四个流派：战略—结构、母子公司关系、跨国公司进程和子公司角色。[2] Paterson 和 Brock (2002)[3] 又以 Birkinshaw 和 Pearson (2001) 的研究成果为依据，将大量文献从国际时期、全

---

[1] BIRKINSHAW J, HOOD N. Multinational Subsidiary Evolution: Capability and Charter Change in Foreign-owned Subsidiary Companies [J]. Academy of Management Review, 1998 (23): 773-795.

[2] BIRKINSHAW J, PEARSON T. Strategy and Management in MNE Subsidiaries [Z] // RUGMAN A, BREWER T. Oxford Handbook of International Business. Oxford: Oxford University Press, 2001.

[3] PATERSON S L, BROCK D M. The Development of Subsidiary-management Research: Review and Theoretical Analysis [J]. International Business Review, 2002, 11 (3): 139-163.

球时期、跨国时期和内部市场时期的角度划分为四种类型,或称为四大流派,即战略—结构流派、母子公司关系流派、子公司角色流派和子公司发展流派,对子公司管控研究的演进过程及其变化规律进行了总结,并进一步探讨了母子公司管控研究未来的发展趋势。在这四个流派递进发展的过程中,前一个流派为后一个流派的出现奠定了基础,这个演进过程中有三点变化规律:跨国公司结构从层级制到非正式机制的变化,研究焦点从跨国公司层面到子公司层面的变化,子公司朝着更为自治模式发展的变化。总体上来看,国外对母子公司管控的研究是与其跨国公司海外子公司的发展实践紧密联系的。从我国集团公司管控的实践来看,绝大部分企业集团处于发展的早期阶段,母公司对子公司的管控大多是从科层制的角度出发,而且国内对母子公司管控的研究也是以科层制的管控研究为重点。此外,有一部分研究公司治理的学者从治理的视角探讨母子公司管控问题,还有一部分学者积极从国外引进母子公司管控的理论,洋为中用,丰富了国内母子公司管控的研究成果,其研究重点大多是母子公司关系和子公司的自主发展。本研究认为,将母子公司管控的相关研究成果按照中国理论和实践的现状来区分更有利于研究中国集团公司管理问题。因此,从三个视角来归类该领域的现有研究文献:母公司统一管理视角、子公司自主发展视角和母子公司关系网络视角。

母公司统一管理视角的研究以传统的科层制为基础,认为子公司是母公司的附属机构,其任务主要在于配合实现母公司的整体战略,利用集团公司的内部网络节省交易费用,从而确保公司的生存并提升经营效率。母公司可以通过发展新的子公司,扩大原有经营领域,创造进入新业务领域的机会。该视角下的研究重点关注子公司应采取什么样的结构形式才能配合总部的战略,与 Birkinshaw 和

Pearson（2001）提到的战略—结构学派相似。在这一视角下的研究文献尽管对集团公司采用某种结构形式没有统一的解释，但几乎都是从母公司的立场出发研究母子公司管控问题，几乎没有给予子公司特别的关注。

  子公司自主发展视角的研究与母公司统一管理视角相反，将研究对象转向了子公司。这一视角下早期的研究认为，子公司不仅仅是母公司的附属，其应有自主权，每个子公司都扮演着不同的角色，承担着一定的战略任务。母公司可根据各子公司角色的不同，指导全球战略配置，对不同角色的子公司建立不同的管理与控制机制。自 Ghoshal（1986）[1] 提出了海外子公司角色理论以来，在很长一段时间内，对母子公司管控的研究方向都是确定集团公司内部子公司所扮演的不同角色。这些研究的贡献在于认识到了子公司在集团公司战略，特别是全球战略中所承担的不同角色，但其只是从静态的角度对海外子公司进行了研究，忽视了子公司本身的自主性和活跃性。因此，这一视角下后期的研究开始重点关注子公司发展的问题。研究人员主要研究子公司，特别是海外子公司角色和活动的演变，认为海外子公司的发展是一个动态的过程，随着子公司的发展，海外子公司通过其网络关系积累有价值的能力和资源，这些能力导致海外子公司在母公司中的战略地位得到提升，并因此扩展了海外子公司的活动范围，同时海外子公司所扮演的角色也随之改变。子公司发展的概念最早是由 Prahalad 和 Doz（1987）[2] 提出的，他们认为跨国公司对于那些已经发展了或者有价值资源的子公司应不断使用

---

[1] GHOSHAL S. The Innovative Multinational: A Differentiated Network of Organizational Roles and Management Processes [D]. Boston: Harvard Business School, 1986.

[2] PRAHALAD C K, DOZ Y L. The Multinational Mission: Balancing Local Demands and Global Vision [M]. New York: The Free Press, 1987.

含蓄的或非正式的机制继续予以控制。子公司发展的研究克服了对子公司角色静态研究的缺陷，从而能更加科学地研究子公司发展的问题。但总体上来看，子公司自主发展视角的研究重点从子公司的角度研究问题，较少地考虑母子公司间的相互协调。

母子公司关系网络视角的研究认为随着子公司的发展，其在集团公司中的角色地位开始发生变化，因此母子公司之间的关系也需要进行调整，母公司不再具有完全的支配地位，开始强调子公司应具有部分支配权。这一视角下大多数研究都是关于母公司与子公司之间关系的，主要集中在母公司的集权化和正式化，对子公司的管控方式，以及如何整合各子公司从而实现集团公司的最大效益。这些研究认为子公司有一定的影响，母公司在某些情况下要根据同子公司的关系性质制订计划，且在决策时可能需要子公司管理层的参与。因此，强调集团公司的异质性，即在同一个组织里子公司有不同的特征，并且母子公司间的关系也会因为环境的改变而改变，母公司的控制方式也将随着这些因素而改变。但这一视角的研究可分为两类：一类认为，母子公司之间是等级结构，跨国公司是中心主导型的，子公司最终只是按照母公司的意图行事，没有自己的自主权。另一类研究认为在母子公司关系方面，母公司的地位将会退化，子公司可以逐步获得支配地位，如 Prahalad 和 Doz (1981)[1] 提出母公司对子公司的权力将逐渐退化，但母公司最终还是想要坚持它们的控制；Ghauri (1992)[2] 通过对瑞士跨国公司子公司在当地市场上运用网络和战略发展自身独立性的研究，证明了退化理论。下文将

---

[1] PRAHALAD C K, DOZ Y L. An Approach to Strategic Control in MNCs [J]. Sloan Management Review, 1981 (22): 5-13.
[2] GHAURI P. New Structures in MNCs Based in Small Countries: A Network Approach [J]. European Management Journal, 1992, 10 (3): 357-364.

分别从三个研究视角对已有研究文献进行回顾并总结述评。

2.2 母公司统一管理视角的研究

母公司统一管理视角的研究将子公司视为母公司的附属机构。在这一视角下的研究文献尽管对集团公司采用某种结构形式没有统一的解释，但几乎都是从母公司的立场出发研究母子公司管控问题，没有给予子公司特别的关注。这一视角的研究文献比较多地关注母公司对子公司的管控机制以及管控机制的权变选择问题。

2.2.1 母子公司管控模式与机制

2.2.1.1 管控模式

在对集团公司管控问题研究的早期阶段，大多数研究侧重于正式控制机制，强调所有的子公司通过正式沟通渠道向母公司汇报工作，在母公司或总部统一的计划、信息和控制系统下开展经营（罗来军，2010）。❶ Willianmson 和 Bhargava（1972）❷ 以控股公司、战略控制、过渡性调整、作业决策、适度部门化五种控制工具界定了六种集团公司用以控制其子公司的模式，包括：①单一型态（U 型），指以传统功能形态控制所属子公司；②控股公司型态（H 型），指对所属子公司授予最大自主权；③多部门型态（M 型），指集团公司保有战略决策权，而将作业决策权授予子公司；④过渡多部门型态

---

❶ 罗来军. 国际合资子公司的控制机制 [M]. 北京：中国环境科学出版社，2010：26－27.

❷ WILLIANMSON O E, BHARGAVA N. Assessing and Classifying Internal Structure and Control Apparatus in the Modern Corporation [C] //COWLING K. New Developments in the Analysis of Market Structure. London：Macmillan, 1972.

(M′型），指正在调整中的分部门控制型态，有别于上述 M 型；⑤集权化多部门型态（M″型），指集团公司对各子公司介入很深的控制型态，有人称为集权式的多部门控制型态（CM 型）；⑥混合型态（X 型），指一个集团公司内，对不同子公司采用不同的控制型态，例如有的采用控股公司方式，有的采用 M 型，还有的采用 CM 型。

Vancil 和 Buddrus（1979）[1] 认为集团公司对所辖各子公司的控制，可依据集团总部授予各子公司自主性的大小而划分为不同的型态（模式），分为高自主性及低自主性两种。Garnier（1982）也是从此角度界定多国籍企业总部如何管理、控制其国外各子公司控制型态。[2] 古尔德等人认为集团公司可通过对子公司规划及控制（狭义）过程上的影响来控制、管理其子公司。规划影响是指各子公司战略决定前，集团公司介入的程度；控制影响是指集团公司对子公司结果或绩效的反应及处理方式。他们基于规划影响及控制影响两个维度，提出八种不同的战略管理风格或控制型态。在这八种控制型态中，以战略规划、战略控制及财务控制三种型态最为普遍。[3]

Hill（1988）将集团公司控制型态定义为集团公司总部与各事业部间的关系型态。[4] 他认为集团公司可从作业控制、市场控制和战略控制三个维度来界定出集团公司与各事业部门之间的关系：多部门或 M 型、控股公司或 H 型、集权多部门或 CM 型。

---

[1] VANCIL R F, BUDDRUS L E. Decentralization: Managerial Ambiguity by Design [M]. Homewood: Dow Jones-Irwin, 1979.

[2] GARNIER G H. Context and Decision-making Autonomy in the Foreign Affiliates of U. S. Multinational Corporations [J]. Academy of Management Journal, 1982, 25 (4): 893 – 908.

[3] 迈克尔·古尔德, 安德鲁·坎贝尔, 马库斯·亚历山大. 公司层面战略：多业务公司的管理与价值创造 [M]. 黄一义, 等译. 北京：人民邮电出版社, 2004：394.

[4] HILL. Corporate Control Type, Strategy, Size and Financial Performance [J]. Journal of Management Studies, 1988 (9): 403 – 417.

葛晨和徐金发（1999）认为母子公司管理控制的模式有四种类型：资本控制型、行政管理型、自主管理型和平台控制型。❶ 前三种类型与此前学者的定义相似。平台控制型模式是指母公司通过全资或绝对控股的形式投资子公司，投资额一般不大，子公司成为母公司的"作业平台"，为母公司完成特定的工作（如加工、生产和销售等）。虽然国内学者高永强和田志龙（2002）❷ 也把股权控制或资本控制作为一种控制模式或控制手段，但事实上，葛晨和徐金发描述的资本控制型是基于子公司治理基础上的母子公司管理控制模式（陈志军，2006）。

左庆乐（2003）、❸ 覃斌（2002）❹ 按照母子公司管理集权与分权的程度，将其模式划分为三种类型：集权管理模式、分权管理模式和统分结合管理模式或集中型、分散型和相融型。他们的分类是对管理体制的划分，没有从管理模式的角度命名。朱新红（1999）❺ 认为企业集团的财务控制模式可以分为三种基本类型：一是集权式的财务管理控制模式，二是分权式的财务管理控制模式，三是集权与分权结合的财务管理控制模式。

陈志军（2006）在综述 Vancil 和 Buddrus（1979）、Garnier（1982）、古尔德等人、Martinez 和 Jarillo（1989）、李维安（2002）、

---

❶ 葛晨，徐金发. 母子公司的管理与控制模式：北大方正集团、中国华诚集团等管理与控制模式案例评析 [J]. 管理世界, 1999（6）：190-196.

❷ 高勇强，田志龙. 母公司对子公司的管理和控制模式研究 [J]. 南开管理评论, 2002（4）：28-31.

❸ 左庆乐. 企业集团母子公司管理模式和管理控制 [J]. 云南财经大学学报, 2003（5）：59-61.

❹ 覃斌. 企业集团控制机制及模式设计的制度解释 [J]. 经济问题探索, 2002（11）：71-75.

❺ 朱新红. 论企业集团财务控制的三种类型 [J]. 安徽大学学报（哲学社会科学版），1999, 23（3）：86-89.

余明助和秦兆玮（2002）、葛晨和徐金发（1999）等人研究的基础上提出，母公司对子公司的管理控制主要通过子公司治理实现，这体现出母子公司管控与单体企业管控的差异，因此母子公司管控模式的划分标准是基于子公司治理功能的发挥程度（见表2-1）。[1] 以此标准把中国母子公司管控模式分为三种类型：基于子公司治理不作为的行政管理型控制模式、基于子公司治理的治理型控制模式和基于子公司治理的管理型控制模式（下文分别简称为行政管理型模式、治理型模式、管理型模式），并分别对应于集权管理模式、统分结合管理模式和分权管理模式。三种管理控制模式是一种理论抽象和高度概括，实践中管理控制的形式多种多样，行政管理型模式和管理型模式是管理体制划分的两极，许多企业集团的母子公司管理控制模式介于行政管理型模式和管理型模式之间。

表2-1 现有研究对母子公司管控模式分类总结

研究者	分类标准	管控模式
Williamnson 和 Bhargava（1972）	控股公司、战略控制、过渡性调整、作业决策、适度部门化	U型、H型、M型、M'型、M"型、X型
Vancil 和 Buddrus（1979）	总部授予各子公司自主性的大小	高自主性，低自主性
古尔德等	规划影响及控制影响两个维度	战略规划、战略控制、财务控制
Hill（1988）	作业控制、市场控制和战略控制三个维度	M型、H型、CM型
葛晨和徐金发（1999）	管控手段的差异	资本控制型、行政管理型、自主管理型和平台控制型

---

[1] 陈志军. 母子公司管理控制研究 [M]. 北京：经济科学出版社，2006.

续表

研究者	分类标准	管控模式
朱新红（1999）、左庆乐（2003）	集分权程度	集权管理模式、分权管理模式和统分结合管理模式
覃斌（2002）	管控的集中程度	集中型、分散型和相融型
陈志军（2006）	基于子公司治理功能的发挥程度	行政管理型模式、治理型模式、管理型模式

资料来源：根据陈志军（2006）整理补充。

2.2.1.2 管控机制

Youssef（1975）❶ 认为母公司对子公司的管控方式包括直接控制和间接控制。直接控制包括母公司对子公司的高管人员进行招聘选拔、委任和培训，并对子公司进行例行监督等。间接控制包括母公司利用外部机构审核子公司经营状况、为子公司进行组织结构设计、利用规章制度标准化子公司的业务流程和记账程序等。

Ouchi（1979）将母子公司管理控制的方式分为市场控制、官僚控制和团队控制三种类型。❷ Schaan（1983）❸ 的研究对控制机制提出积极机制和消极机制。积极机制包括委派人员、参与规划等，母公司通过积极机制来促进某些行为；消极机制包括正式协议、董事会议等，母公司通过消极机制限制某些行为的发生。

Doz 和 Prahalad（1984）提出实质性控制和组织联系控制。实质性控制是利用子公司对母公司战略性资源的依赖所进行的控制，组

---

❶ YOUSSEF S M. Contextual Factors Influencing Control Strategy of Multinational Corporations [J]. The Academy of Management Journal, 1975, 18 (1): 136 – 143.

❷ OUCHI W G. A Conceptual Framework for the Design of Organizational Control Mechanisms [J]. Management Science September, 1979, 25 (9): 833 – 848.

❸ SCHAAN J L. Parental Control and Joint Venture Success: The Case of Mexico [D]. London: University of Western Ontario, 1983.

织联系控制包括认知、战略、权利和行政四个导向的整合。[1] 单纯的正式控制方式常常难以很好地解决集团公司管控中出现的各类问题，Bartlett 和 Ghoshal（1989）在总结前人研究的基础上提出集权化、正式化和社会化三种控制方式。[2] 集权化控制是指子公司的决策程序和战略性决策集中于母公司的程度；正式化控制是指利用制度化的系统和过程，明确规定组织的规范程度，确定子公司行为的可行和不可行标准，为各种决策和管理行为提供指导；社会化控制又称为文化控制，指通过培育和传播共同的价值观与企业文化，实现组织决策的相似性和有效管理。

Geringer 和 Hebert（1989）对 Schaan（1983）提出的积极机制和消极机制做了进一步的发展，将管控机制分为三类：活动导向机制、关系导向机制和过程导向机制。活动导向机制与消极机制相似；关系导向机制包括非正式的和基于文化的机制，目的是建立融洽的组织内部关系，帮助实现企业目标；过程导向机制是通过报告、母公司参与规划和决策来实施控制。

Martinez 和 Jarillo（1989）将母子公司控制机制分为两大类：正式的控制机制和非正式的控制机制。[3] 控制包含协调的含义，母子公司协调的实现方式也是控制的实现方式，协调手段往往也是控制手段。一般而言，正式的控制机制有利于实现集权管理，非正式的控制机制有利于实现分权管理。

---

[1] DOZ Y L, PRAHALAD C K. Patterns of Strategic Control within Multinational Corporations [J]. Journal of International Business Studies, 1984, 15 (2): 55-72.

[2] BARTLETT C A, GHOSHAL S. Managing Across Borders: The Transnational Solution [M]. Boston: Harvard Business School Press, 1989.

[3] MARTINEZ J I, JARILLO J C. The Evolution of Research on Coordination Mechanisms in Multinational Corporations [J]. Journal of International Business Studies, 1989, 20 (3): 489-514.

Hamilton、Taylor 和 Kashlak（1996）从输入、行为和产出的角度提出输入控制、行为控制和产出控制。[1] 输入控制是指跨国公司进行跨国经营活动时所采取的输入性行为，如技术、产品、营销知识、资本和人员的输入。例如规定外派人员的选拔标准和培训要求，根据外派人员的选拔标准可以找到符合母公司价值观的人员，通过合理的培训可以形成国际子公司管理人员的能力和价值观，进而确保外派人员的经营和管理符合母公司的战略目标。行为控制是指跨国公司母公司采取集权化、工作程序、监督、行为评估等手段，影响国际子公司的行为，以达到母公司的战略目标。通过政策和标准化程序，让国际子公司的行为主体了解从输入到产出过程中各种行为的要求，以及在实际经营中应采取的措施。产出控制是指对国际子公司的阶段经营成果进行评估，建立子公司报告制度来获取子公司的成果信息，制定报酬制度，将子公司的财物报酬和其经营业绩联系起来，来控制子公司的产出情况。同时，产出控制可以减少监督成本。

Harzing（1999）[2] 根据前人的研究，从人员和行政（或文化和官僚）、直接和间接两个维度，把母公司对子公司的控制机制归纳为四种：集权化人员控制、正式行政控制、社会化与网络控制和产出控制。集权化人员控制包括集权化控制和直接的人员控制；正式行政控制包括书面的手册和标准化的操作程序等；产出控制是通过报告系统来监督子公司的目标和结果，但不监督子公司的具体经营行为；社会化与网络控制包括社会化控制、非正式的横向信息沟通、

---

[1] HAMILTON R D, TAYLOR V A, KASHLAK R J. Designing a Control System for a Multinational Subsidiary [J]. Long Range Planning, 1996, 29 (6): 857-868.

[2] HARZING A W K. Managing the Multinationals: An International Study of Control Mechanisms [M]. Cheltenham: Edward Elgar, 1999: 21.

正式的跨部门联系等。

Jaussaud 和 Schaaper（2006）[1] 根据已有研究的多种控制机制和控制手段，提出四个主要的控制维度：一是合同控制，该控制是基于母公司拥有子公司的股权份额和向子公司委派关键岗位人员的比例；二是人力资源控制，该控制主要包括母公司长期和短期向子公司委派经理的数量；三是组织结构控制，该控制是通过一系列的组织程序来实现的，如规章制度、工作说明、报告文档、董事会议，此外，知识转移也包括在组织结构控制中；四是培训和社会化，对母国和东道国的经理进行培训，灌输价值观和文化。Jaussaud 和 Schaaper 还揭示了这四个控制维度之间的关系，他们认为合同控制，尤其是股权份额是其他三个控制维度的前提。当子公司是独资子公司时，跨国公司主要是运用合同控制，有时候再和总部向子公司委派人员相结合。但是，当子公司是合资子公司时，跨国公司通常借助于组织机制来实现控制，尤其是跨国公司所控制的股权比较弱时。这种情况可以解释 Schaan（1988）的问题：少数股权方如何控制合资子公司。

我国台湾学者曾纪幸、司徒达贤和于卓民（1998）将管控机制划分为行政管理机制、人员管理机制、绩效管理机制和文化管理机制。我国台湾学者余明助和秦兆玮（2002）将控制按照行为控制、产出控制和社会控制三个维度来进行探讨。[2]

李维安和武立东（2002）把母公司对子公司的控制机制归纳为

---

[1] JAUSSAUD J, SCHAAPER J. Control Mechanisms of their Subsidiaries by Multinational Firms: A Multidimensional Perspective [J]. Journal of International Management, 2006 (12): 23–45.

[2] 余明助，秦兆玮. 台商海外子公司控制机制与绩效关系之研究：以代理理论和资源互赖之观点 [A]. 第二届两岸产业发展与经营管理学术研讨会，成功大学管理学院主办，2002.

三种：间接控制机制、直接控制机制和混合控制机制。[1] 间接控制机制是指母公司不直接控制子公司，而是通过公司董事会对子公司的经营活动进行控制；直接控制机制是指母公司直接任命子公司管理层，对子公司的财务、人事和经营活动进行全面的控制；混合控制机制是指母公司投资控股子公司，并让子公司管理层人员参股子公司成为子公司的股东，子公司管理层人员进入子公司的股东会及董事会等决策机构。

现有研究对母子公司管控机制的分类汇总见表2-2。

表2-2 现有研究对母子公司管控机制的分类汇总

研究人员	管控机制分类
Youssef（1975）	直接控制和间接控制
Ouchi（1979）	市场控制、官僚控制和团队控制
Schaan（1983）	积极机制和消极机制
Doz 和 Prahalad（1984）	实质性控制和组织联系控制
Bartlett 和 Ghoshal（1989）	集权化、正式化和社会化
Geringer 和 Hebert（1989）	活动导向机制、关系导向机制和过程导向机制
Martinez 和 Jarillo（1989）	正式的控制机制和非正式的控制机制
Hamilton、Taylor 和 Kashlak（1996）	输入控制、行为控制和产出控制
Harzing（1999）	集权化人员控制、正式行政控制、社会化与网络控制和产出控制
Jaussaud 和 Schaaper（2006）	合同控制、人力资源控制、组织结构控制、培训和社会化
曾纪幸、司徒达贤和于卓民（1998）	行政管理机制、人员管理机制、绩效管理机制和文化管理机制
余明助、秦兆玮（2002）	行为控制、产出控制和社会控制
李维安和武立东（2002）	间接控制机制、直接控制机制和混合控制机制

资料来源：作者整理。

---

[1] 李维安，武立东. 公司治理教程 [M]. 上海：上海人民出版社，2002：340-342.

2.2.2 母子公司管控机制的选择与实施

母子公司管控是母公司通过对管控模式或机制的选择设计并实施来影响集团下属子公司及其他成员实现战略的过程。企业集团的管控没有固定的模式，必须根据组织结构与管理方式的变化而变化（朱新红，1999）。[1]母公司对子公司的管控要更好地发挥作用，关键在于其与内外部各类影响因素的整合（Otley，1999）。[2]郑石桥（2006）[3]认为这种整合包括三个层面：一是管控与组织环境的整合，即管控如何适应组织与环境；二是管控与战略的整合，即管控如何支持组织战略；三是管控系统内部的整合。从影响管控机制选择与实施的角度来看，主要包括三类因素：外部环境、组织条件和战略目标。

首先，外部环境的变化会对集团公司管控子公司的机制产生很大的影响。在对环境变化影响控制机制的研究中，比较有影响的学者是 Ghoshal、Nohria、Martinez 和 Jarillo 等。Ghoshal 和 Nohria（1989）[4]研究了国际子公司当地环境特征对控制机制使用的影响，发现母公司（总部）可以通过集权化、规范化和规范化整合三种机制的不同组合来对特定的子公司实施控制，这些不同组合的控制机制要依据不同程度的环境复杂性和当地子公司可能获得的资源水平来确定。

---

[1] 朱新红. 论企业集团财务控制的三种类型 [J]. 安徽大学学报（哲学社会科学版），1999，23（3）：86-89.

[2] OTLEY D. Performance Management：A Framework for Management Control Systems Resesrch [J]. Management Accounting Research，1999（10）：363-382.

[3] 郑石桥. 管理控制实证研究 [M]. 北京：经济科学出版社，2006：365.

[4] GHOSHAL S, NOHRIA N. International Differentiation within Multinational Corporations [J]. Strategic Management Journal，1989，10（4）：323-337.

Youssef（1975）[1]认为跨国公司母公司对某一国际子公司的控制是选择直接控制还是间接控制，要考虑的决策因素主要有母公司的所有权结构、投资国家的数量、投资国家的发展、投资时间的长短、投资金额的大小、海外投资经营时间的长短。Martinez 和 Jarillo（1989）[2]认为国际环境的变化影响了行业竞争的态势，迫使企业不得不改变战略，以适应新的竞争环境，他们提出了基于战略环境变化的战略、组织结构与对应控制机制的演进方式。在不确定性较强的环境下，结果控制不合适，而比较适合同化控制。环境较高的多样化程度和复杂性程度对实施标准化、规范化和集权控制形成了障碍，多样而复杂的环境要求分散的决策和差异化的应对。从 Martinez 和 Jarillo（1989）的研究结论来看，随着全球经济一体化的发展，为了适应企业实践的发展变化，集团公司对子公司的有效管控，特别是对海外子公司的管控越来越需要依靠非正式的控制机制，因此有关控制机制的研究重点也应从正式管控机制逐渐过渡到非正式管控机制。

在诸多环境因素中，对海外子公司进行管控时，母公司（总部）必须考虑文化因素的影响。不同的海外子公司与母公司具有不同的文化距离：如果文化距离太大，实施同化控制的难度和成本就很高，同化控制需要较多的时间和资源。在有些跨国公司的管理实践中，母国与东道国的文化差异对管控机制产生了明显的影响。Rechards（2000）[3]通过研究美国跨国公司对英国和东南亚子公司控制机制的

---

[1] YOUSSEF S M. Contextual Factors Influencing Control Strategy of Multinational Corporations [J]. The Academy of Management Journal, 1975, 18（1）：136－143.

[2] MARTINEZ J I, JARILLO J C. The Evolution of Research on Coordination Mechanisms in Multinational Corporations [J]. Journal of International Business Studies, 1989, 3（20）：489－514.

[3] RECHARDS M. Control Exercised by U. S. Multinationals over their Overseas Affiliates: Does Location Make a Difference? [J]. Journal of International Management, 2000, 6（2）：105－120.

差异发现，总部对这两个地区子公司的控制机制总体上没有差异。但是，在考虑到行业和下属高管类型时，两者之间的差异就出现了。东南亚的消费品子公司比工业子公司享有更多的自主权；英国当地人运营的子公司被赋予了比东南亚同行更大的自治权；而且两国当地人经营的子公司也被赋予了比侨民经营的子公司更大的自治权。在文化差异较大的情况下，母公司更倾向于选派母国人员担任子公司的高层经理，或者对子公司实施官僚控制（Gong，2003）。❶ Chow、Shields 和 Wu（1999）❷ 通过日本企业、美国企业和我国台湾当地企业在台湾经济开发区子公司的样本，研究民族文化对海外子公司管控的影响。结果表明在同一地（我国台湾）的跨国企业子公司之间，以及与当地企业子公司之间不存在管控系统的差异，员工对管控系统的偏好也不会因外国企业和当地企业而异。这一结果发现了东道国文化的影响，但 Van der Stede 的研究却得到与之相反的结果。Van der Stede（2003）❸ 研究了多业务单元的跨国公司在管控子公司时如何考虑文化差异的影响，发现同一跨国公司的各个业务单元的管控大体相似，这说明母公司文化对管控的影响大于当地文化，跨国公司内部强调管控体系的一致性。Chow、Kato 和 Shields（1994）❹ 的研究还发现文化差异会影响管控机制的选择。

---

❶ GONG Y. Subsidiary Staffing in Multinational Enterprises: Agency, Resources, and Performance [J]. Academy of Management Journal, 2003, 46（2）: 728 – 739.

❷ CHOW C W, SHIELDS M D, WU A. The Importance of National Culture in the Design of and Preference for Management Controls for Multi-national Operations [J]. Accounting, Organizations and Society, 1999（24）: 561 – 582.

❸ VAN DER STEDE W A. The Effect of National Culture on Management Control and Incentive System Design in Multi-Business Firms: Evidence of Intracorporate Isomorphism [J]. European Accounting Review, 2003（12）: 263 – 285.

❹ CHOW C W, KATO Y, SHIELDS M D. National Culture and the Preference for Management Controls: An Exploratory Study of the Firm-labor Market Interface [J]. Accounting, Organizations and Society, 1994（19）: 381 – 400.

其次，组织条件也会对母子公司管控机制产生影响。Roth、Schweiger 和 Morrison（1991）❶ 研究了跨国公司组织结构与控制子公司水平之间的关系，结果发现，全球企业和跨国企业比多国企业具有更高水平的正规化、集权化和整合机制，因此全球企业和跨国企业具有较高的控制水平，而多国企业的控制水平较低。多国企业的各个子公司在决策上具有较高自主权，在对子公司进行管控时，母公司或总部倾向于选择间接的结果控制或者同化控制。

最后，战略目标也是影响集团公司管控子公司的重要因素。潘爱玲和吴有红研究了集团公司内部控制的内涵、功能和框架。企业集团的内部控制是母公司对控股子公司实施的一系列控制关系的制度安排。❷ 这种制度安排在一定程度上由集团的产权关系所左右，理顺了集团内部的产权关系，这种制度安排才能作为制度创新的结果得到相对固化，并趋于动态平衡，从而与集团的战略目标一致，并获得最大的控制效率。企业集团内部控制的功能主要是保护资本安全、规避集团运营风险和保障资产利用效率，并在此基础上提出企业集团内部控制的关键控制点是资本控制和信息控制。❸ 构建集团内部控制框架的总体研究思路应当是首先设定目标，在此基础上，结合企业集团的特性，根据目标与要素之间的关系，确立要素的选择标准、要素的内容以及各控制要素之间的内在联系，控制的框架要素应当包括内部环境、资本控制、信息控制、风险控制和监控，五

---

❶ ROTH K, SCHWEIGER D M, MORRISON A J. Global Strategy Implementation at the Business Unit Level: Operational Capabilities and Administrative Mechanisms [J]. Journal of International Business Studies, 1991, 22 (3): 369 – 402.

❷ 潘爱玲，吴有红. 企业集团内部控制的要素构成及产权关系分析 [J]. 经济与管理研究, 2004 (1): 48 – 51.

❸ 潘爱玲，吴有红. 企业集团内部控制的功能和关键控制点：一个经济学的分析视角 [J]. 东岳论丛, 2006, 27 (3): 123 – 126.

个要素之间具有密切的内在联系。❶ 对于企业集团的内部控制目标，唐蓓和潘爱玲（2007）❷ 针对企业集团内部控制的特点，在 ERM 框架的基础上，指出企业集团内部控制的目标包括战略目标和具体目标。企业集团内部控制的战略目标是为企业集团实现战略目标提供保障。具体目标包括信息有效性目标、合法合规目标和资源整合及高效利用目标。

李国忠（2005）也认为集团管控应与企业目标相适应。他重点探讨了预算管理的集分权问题。战略规划型企业集团宜采用集权预算模式，财务控制型企业集团宜采用分权预算模式，战略控制型企业集团宜采用折中预算模式。❸ 汤谷良等人（2009）❹ 以中国华润集团首创的 6S 管理体系为例，在梳理组织设计与管理控制系统经典理论的基础上，归纳出多元化战略集团管理控制系统设计的逻辑框架。母公司通常会向控股子公司派驻财务总监，并授权其监督、报告子公司的财务状况。这种机制实际上是一种企业集团内部代理层的设置问题。苏静（2006）❺ 在代理理论的基础上，设计了一个由母公司（委托人 P）、子公司管理层（代理人 A）和派出的财务总监（代理人 CFO）组成的双层代理模型，试图解释掌握信息的程度不同如何影响委派的财务总监做出不同选择。

---

❶ 潘爱玲，吴有红. 企业集团内部控制框架的构建及其应用 [J]. 中国工业经济，2005（8）：105 – 113.

❷ 唐蓓，潘爱玲. 基于价值链分析的企业集团内部控制目标研究 [J]. 软科学，2007，21（1）：140 – 144.

❸ 李国忠. 企业集团预算控制模式及其选择 [J]. 会计研究，2005（4）：47 – 50.

❹ 汤谷良，王斌，杜菲，等. 多元化企业集团管理控制体系的整合观：基于华润集团 6S 的案例分析 [J]. 会计研究，2009（2）：53 – 60.

❺ 苏静. 派驻财务总监与企业集团内控的实施 [J]. 会计研究，2006（1）：63 – 68.

2.3 子公司自主发展视角的研究

在早期的企业集团中，子公司只发挥着非常有限的销售与制造功能，因此母公司对子公司的管控一般采取层级治理的方式。Ghoshal 和 Nohria（1989）认为层级治理包括母公司对子公司的集权程度、正式化程度、协调机制以及规范性整合等内容进行管理和设计的规范性框架，其目的是使代理问题最小化。❶ 母子公司层级治理的首要特征就是强调子公司的工具性与加成性，子公司被认为是母公司的附庸。其次，决策的单一方向性与普遍性，使每一领域都由母公司主导决策，子公司负责执行，母子公司间没有互动。母公司统一管理视角大多是以此实践背景为研究基础的。随着企业集团实践的发展，子公司的地位逐渐提高，以 Doz 和 Prahalad 为代表的诸多学者开始把研究重点转移到母公司对子公司的管理过程方面，从子公司的视角出发探讨母子公司管控问题，强调母子公司之间关系的差异性。❷ 子公司自主发展视角对母子公司管控的研究主要体现在子公司的自主行为。

关于子公司主导行为，不同的学者有不同的定义。Kanter（1982）和 Miller（1983）认为子公司主导行为是指子公司主动使用或拓展其资源来发展一项独立的业务。Birkinshaw（1997）❸ 也认可这一定义，并指出子公司主导行为在本质上是一个创业过程，但它

---

❶ GHOSHAL S, NOHRIA N. Internal Differentiation within Multinational Corporations [J]. Strategic Management Journal, 1989（10）：323-337.

❷ DOZ Y L, PRAHALAD C K. Patterns of Strategic Control within Multinational Corporations [J]. Journal of International Business Studies, 1984, 15（3）：55-72.

❸ BIRKINSHAW J. Entrepreneurship in Multinational Corporations：The Characteristics of Subsidiary Initiatives [J]. Strategic Management Journal, 1997, 18（3）：207-229.

比"企业内部创业"(Internal Corporate Venture)的概念要小。我国台湾学者曾志弘也认为子公司主导行为是子公司的一种创业过程，它包括企业确认机会以及利用与配置现有资源以回应机会，如产品修正、新产品开发及生产的创新、主动争取企业集团内部方案、组织流程的变动、营销活动的创新等。子公司主导行为是子公司一种自主的创新行为，不是母公司要求子公司必须执行的。

子公司主导行为是为了在当地获取特定资源，以及寻求提高企业集团网络中的中心地位，从而可以提高财务绩效，获得奖励与能力认可等。[1] Ghoshal 和 Bartlett (1988) 认为子公司必须执行三个方面的工作：①地区性的行政管理、回应当地状况、发展与采用新的产品；②采用母公司或其他子公司新发展的技术；③将其创新传播到其他子公司乃至整个企业集团。[2] Ghoshal 和 Bartlett 认为上述子公司行为的绩效受子公司的资源丰富程度、自主程度、内部沟通程度，以及子公司与整个企业集团的规范性整合和沟通程度等因素的影响。

影响子公司自主行为的因素众多，可从子公司自身、母公司、母子公司关系和外部环境等多个层面来探讨。[3] 从子公司自身来看，当子公司高管团队显现出较高的创业精神时，在企业内部会鼓励员工承担风险，积极寻找创新机会，这时子公司的主导行为会增多

---

[1] D'CRUZ J R. Strategic Management of Subsidiaries [A] //ETEMAD H, DULUDE L S. Managing the Multinational Subsidiary. London: Croom Helm, 1986: 75 – 89.

[2] GHOSHAL S, BARTLETT C A. Creation, Adoption and Diffusion of Innovations by Subsidiaries of Multinational Corporations [J]. Journal of International Business Studies, 1988, 19 (3): 365 – 388.

[3] 汪建康. 企业集团子公司主导行为与公司治理评价 [M]. 北京：经济科学出版社，2010.

(Birkinshaw, Hood, 1997)。[1] 子公司对当地环境的回应程度也会影响其主导行为。回应程度是指子公司回应地区竞争或是消费者需求的程度 (Taggart, 1998),[2] 例如子公司以"差异化"的产销策略符合每个地区的特色或需要。当子公司对当地环境的回应程度越高时,子公司主导行为越多 (Pearce, 1999)。[3] 子公司的资源能力能帮助其发现与执行创新机会,当组织的资源越多,则组织创新的程度越高 (Russell, 1999)。[4] Bartlett 和 Ghoshal (1989)[5] 认为当子公司资源充裕时,虽然其市场重要程度不高,但是子公司却可能做出重要的贡献。Birkinshaw (1997)[6] 研究美国多国籍公司在加拿大子公司的主导行为发现,子公司拥有资源的多寡会影响子公司主导行为的产生,尤其当子公司的资源被总部认可时,子公司具有的可被信任性程度增加。而 Stewart (1995)[7] 认为子公司具有主导行为的前提必须建立在子公司可以发展相对优势的能力上。Roth 和 Morrison (1992)[8] 认为子公司相对其他子公司的能力会影响子公司成为领导

---

[1] BIRKINSHAW J, HOOD N. Determinants of Subsidiary Mandates and Subsidiary Initiative: A Three-country Study [M] // LOVERIDGE R. Internationalization: Process, Context and Markets. London: Macmillan, 1997.

[2] TAGGART J M. Strategy Shifts in MNC Subsidiaries [J]. Strategic Management Journal, 1998 (19): 663 – 681.

[3] PEARCE R D. The Evolution of Technology in Multinational Enterprises: The Role of Creative Subsidiaries [J]. International Business Review, 1999, 8 (2): 125 – 148.

[4] RUSSELL R D. Developing a Process Model of Intrapreneurial System: A Cognitive Mapping Approach [J]. Entrepreneurship Theory and Practice, 1999, 23 (3): 65 – 84.

[5] BARTLETT C A, GHOSHAL S. Managing Across Borders: The Transnational Solution [M]. Boston: Harvard Business School Press, 1989.

[6] BIRKINSHAW J. Entrepreneurship in Multinational Corporations: The Characteristics of Subsidiary Initiatives [J]. Strategic Management Journal, 1997, 18 (3): 207 – 229.

[7] STEWART J M. Empowering Multinational Subsidiaries [J]. Long Range Planning, 1995, 28 (4): 63 – 73.

[8] ROTH K, MORRISON A J. Implementing Global Strategy: Characteristics of Global Subsidiary Mandates [J]. Journal of International Business Strategy, 1992, 23 (4): 715 – 735.

者的机会，因此当子公司具备执行某项功能的特定能力时，母公司可能委以重任，则其产生主导行为程度应较高。Birkinshaw、Hood 和 Jonsson（1998）❶认为子公司的特有资源对于子公司的主导行为具有正面影响。

从企业集团层面来看，影响子公司主导行为的因素包括企业集团内部市场的完善程度和母公司对子公司的管控程度。企业内部市场是企业内部各个交易主体经济关系的总和，体现了产品生产价值链上各个生产单位的经济利益和经济责任。Rugman（1981）❷认为企业内部市场是将市场建立在公司内部，使它能够像固定的外部市场一样有效地发挥作用。企业集团内部市场的完善程度对于子公司主导行为具有正面影响（罗珉，2004）。随着子公司地位的凸显以及信息不对称的原因，母公司已经不能完全掌握子公司所处环境的各种信息。因此，集团母公司需要逐步地给予子公司一定的自主权，这种自主权的出现，为子公司主导行为的出现提供了很好的机会，极大地促进了子公司主导行为的产生。因此，两者呈现一定的负向关系。

母子公司之间的关系特质也对子公司主导行为具有非常重要的影响，其主要的影响因素包括母公司对子公司的程序公平性程度、母子公司的相互沟通程度和母子公司的整合程度。程序公平性是指对于决策制定者使用政策、程序和准则，以达成某一争议或协商之结果的公平性（Thibaut，Walker，1975）。❸ 程序公平性所涉及的是

---

❶ BIRKINSHAW J, HOOD N, JONSSON S. Building Firm-specific Advantages in Multinational Corporations: The Role of Subsidiary Initiative [J]. Strategic Management Journal, 1998 (19): 221–241.

❷ RUGMAN A. Inside the Multinationals: The Economics of Internal Markets [M]. London: Croom Helm, 1981.

❸ THIBAUT J, WALKER L. Procedural Justice: A Psychological Analysis [M]. NJ: Erlbaum, Hillsdale, 1975.

程序变动的社会心理结果,尤其是特别强调公平性判断的程序效果。Lind 和 Tyler (1998)[1]指出,程序公平性是在交换关系的品质上,检验决策制定程序的影响。他们也主张人们应该重视公正的程序。因此,当人们无法直接控制某项决策时,公正的程序就可以作为一种间接的控制工具。综上所述,程序公平性是指判断程序是否公平,也就是对制定决策的程序加以评价。在企业集团实施全球战略时,企业集团实行程序公平性可以增加子公司对于最终战略决策的顺从度,提升其收集、解释和整合战略性信息的能力;程序公平性可以增进母子公司之间的沟通;程序公平性可以使子公司具有反驳母公司观点的条件;程序公平性使得子公司的可见度增加;程序公平性使得子公司的承诺程度增加,并最终改善母子公司的治理绩效。

母子公司的整合程度是指子公司与企业集团整体在所执行活动上的协调程度。当子公司与企业集团整合程度越高时,单一子公司操纵的可能性越低,子公司之间互相信赖的程度增加,整合形成互相信赖所造成的风险增加,因而造成子公司的主导行为程度降低。Ghoshal 和 Bartlett (1990)[2]指出,当子公司之间的整合程度增加,表示子公司之间的信息流动增加,因此很难有子公司可以单独做出价格和品质等决策,因此子公司的主导行为程度会降低。

此外,子公司在集团网络中的地位也会影响其自主行为。Ghoshal 和 Bartlett (1990)[3]在研究网络中的组织权力时认为,网络中的企业可以通过两种渠道获得权力:拥有独特资源而拥有的交换权力、占据重要地位而拥有的结构权力。子公司的网络中心性就是指子公司在集

---

[1] LIND E A, TYLER T R. The Social Psychology of Procedural Justice [M]. New York: Plenum Press, 1988.

[2][3] GHOSHAL S, BARTLETT C A. The Multinational Corporation as an Interorganizational Network [J]. Academy of Management Review, 1990, 15 (4): 603-625.

团网络中的结构权力，它指的是网络内成员之间相互联结、互动的程度。网络中心性说明一个企业在网络中与其他节点有直接关系的程度。一般而言，母公司拥有最高的中心性。通过母公司，网络成员之间进行着持续紧密的互动、信息沟通和意见交换（Erickson，1988）。[1]

在环境层面影响子公司主导行为的因素主要包括与当地政府之间的关系、与当地合作伙伴之间的关系。子公司与当地政府之间的关系指子公司与当地政府建立良好的关系并利用这个关系从政府获得领先的信息以及运营政府特权的程度。Child（1994）认为，官方政府握有专案批准、物资协调与分配、金融控管的权力，厂商都设法与政府打通关系希望政府减少法定配额的限制，期望能争取到增额来销售产品以获取利润。换言之，当组织面对资源匮乏的困境时，通过政府关系寻求一个稳定的供应来源，就能降低不确定性所带来的冲击，因而能够降低营运上的风险成本，因此与政府的关系提供了对抗环境不确定性的保护。Davies 等人（1995）的研究指出关系网络在政府的信息收集上是一项实用且重要的资源，特别是在重大法规、限制条件以及在不同司法管辖而有不同审判结果的情况下。一旦好的关系被建立起来，有许多的利益将会自然产生。最重要的利益在于使企业的日常营运顺利，并获得政府的信息以及比较容易取得管理当局的批准。Park 和 Luo（2001）指出，组织可以运用与政府官员的关系，有助于现有资源的扩展，例如在稀少资源的分配上，通过关系优于科层法规。他们认为规模较小或成立时间较短的组织可以通过关系网络的涉入来克服正当性的障碍，通过关系网络可以获得更多的机会来影响当地政治及法规环境。Allen（1984）和

---

[1] ERICKSON B. The Relational Basis of Attitudes ［A］//BERKOWITZ. Social Structure：A Network Approach. New York：Cambridge University Press, 1988：99 – 121.

Saxenian（1994）指出，学校、事业与友谊关系是很重要的结构，通过此结构，可以将存在于外部的专业知识予以发掘、接触并加以吸收，进而利用与扩展这项资源。Standifird 和 Marshall（2000）认为，关系是重要的一项人际交流，在企业经营中，是唯一关键的成功要素。所以关系普遍存在于所有的企业经营活动之中，而长时间所培养的人际关系，能够为企业在竞争上带来更大的竞争优势。Park 和 Luo（2001）指出，关系是一个有价值的创业工具，它能联结企业与重要利害关系人之间知识与信息的缺口，并指出发展与维持关系网络有助于补足企业在策略需求、组织技能及竞争优势的不足。Davies 等人（1995）指出，企业利用关系网络这一项重要资源，可以引导市场趋势以及获得商业机会，并指出关系网络提供了该企业接触其他网络成员的渠道，且增强了企业的竞争优势。

2.4 母子公司关系网络视角的研究

随着环境动态性和复杂性的日益增加，信息网络和柔性制造技术的快速发展，规模经济对企业的重要性日益降低，信息沟通和及时反应的重要性日趋增强（Martinez，Jarillo，1989），[1]强调企业内管理效率而忽视组织间互动的传统层级治理理论难以解释母子公司间的关系（Ghoshal，Bartlett，1990）。[2]越来越多的学者认为应该用关系网络治理理论来探讨母子公司的管理问题（Hedlund，1990；

---

[1] MARTINEZ J I, JARILLO J C. The Evolution of Research on Coordination Mechanisms in Multinational Corporations [J]. Journal of International Business Studies, 1989, 3 (20): 489–514.

[2] GHOSHAL S, BARTLETT C A. The Multinational Corporation as an Interorganizational Network [J]. Academy of Management Review, 1990, 15 (4): 603–625.

Ghoshal, Westney, 1993; Birkinshaw, Hood, 1998)。

从母子公司关系网络视角来看,企业集团不是科层组织,而是多个松散的组织个体构成的网络(Ghoshal, Bartlett, 1990)。从整体来看,企业集团是一个内部差异化的网络,代表网络中节点的子公司,不同程度地参与网络中的知识和资金等的流动,各子公司在网络中的地位和作用大小体现为对知识和资金等流动的参与量的差异。通过网络的连接,各子公司可自行发展自己的独特资源和能力,又可以通过网络与其他企业建立联结关系,获取持续竞争优势(Jarillo, 1988; Johanson, Mattson, 1987)。[1][2] 因此,从关系网络的视角来看,子公司的优势既可以来自母公司,也可以通过自己的发展,更为关键的是它可以通过企业关系网络获取持续的优势(Rugman, Verbeke, 1992)。[3]

母子公司网络体现出四个方面的特征:分散、互依、跨组织学习和结构弹性。分散是指网络中的各个子公司都有自己的市场、技术系统和竞争对手。互依是指网络中的各个节点通过人员、产品和技术等互相连接在一起。跨组织学习是指子公司作为特定环境中资源的开发者各有其独特的创新,各个子公司之间可以通过跨组织学习完成知识流动。最后,对于网络中的子公司,正式结构的重要性降低,不必具有完整的组织结构,其管理工作可因产品、地区等的差异

---

[1] JARILLO J C. On Strategic Networks [J]. Strategic Management Journal, 1988 (9): 31 – 41.

[2] JOHANSON J, MATTSON L. Interorganizational Relations in Industrial Systems: A Network Approach Compared with Transaction Cost Approach [J]. International Studies of Management and Organization, 1987, 17 (1): 34 – 48.

[3] RUGMAN A, VERBEKE A. A Note on the Transnational Solution and the Transaction Cost Theory of Multinational Strategic Management [J]. Journal of International Business Studies, 1992, 23 (4): 761 – 772.

而调整（Ghoshal，Westney，1993；Birkinshaw，Hood，1998）。❶❷ 因此，关系网络视角更加强调，"子公司自主，公司间互动"，而不是层级治理的"母公司控制，子公司服从"，更加强调增强企业对环境的适应性，从而实现集团的整体目标。

从关系网络视角来看，在企业集团网络中母子公司管控不存在层级治理的一般性规律。特别是在跨国公司网络中，一个企业中可能有多个总部，各个总部根据本地环境特点及其知识进行战略决策。而且由于子公司的地位不同，有些决策权也可能放在较低的管理层面，而不是集中在总部。在管控机制方面，虽然正式机制依然被使用，但由于环境动态性和复杂性的增强，总部会更多地采用文化控制等非正式方式。正如 Gupta 和 Govindarajan（1991）❸ 所指出的，由于子公司的独立性提高，总部虽然还可以在集团网络中运用科层手段进行控制，但其效力却受到了限制。从现有的情况来看，文化控制可能是在母子公司关系网络中对来自不同文化的经理人进行有效管控的唯一方式。

在母子公司关系网络中，母公司与子公司之间的关系趋于平等，甚至有时子公司处于更加重要的地位——由于子公司具有整个网络中其他成员依赖的特殊能力或资源，从而成为网络中重要节点。那么子公司是如何从母公司的附属机构转化为网络中重要节点的呢？一般认为随着子公司增加其独特能力或资源的存量时，其对网络中

---

❶ GHOSHAL S, WESTNEY D E. Organizational Theory and the Multinational Corporation [M]. New York: St. Martin's Press, 1993.

❷ BIRKINSHAW J, HOOD N. Multinational Subsidiary Evolution: Capability and Charter Change in Foreign-owned Subsidiary Companies [J]. Academy of Management Review, 1998 (23): 773–795.

❸ GUPTA A K, GOVINDARAJAN V. Knowledge Flows and the Structure of Control within Multinational Corporations [J]. Academy of Management Review, 1991 (16): 768–792.

其他成员的依赖就会降低，而对自己的各类经营决策权就会提升（Prahalad，Doz，1981），[1] 其在网络中的角色将会发生演变。

早期对于子公司角色的研究是从母公司的视角出发的，其目的在于尝试说明子公司不完全附属于母公司，可以与母公司处于同等地位。随着实践中子公司地位的不断提升，对子公司角色分类的研究逐渐受到学者们的重视。对子公司角色的研究一方面为集团总部提供建议应将资源更多地分配给各子公司，从而增强其竞争优势；另一方面也鼓励子公司决策层增加自主行为，增强竞争优势，提高与母公司讨价还价的能力。

White 和 Poynter (1984)[2] 以企业的市场范围分别和产品范围、价值增值领域组合作为划分维度，将子公司角色进行了两种分类。按照市场范围和产品范围将子公司划分为小规模复制者、产品专家和战略独立者；按照市场范围和价值增值领域将子公司划分为营销卫星、小规模复制者、有效的制造者、战略独立者。Porter (1986) 依据不同国家或地区环境之间关联性的差异，把跨国公司分为全球企业和多国企业。前者是指在不同国家或地区间关联性较高，高度集中或整合全球运作的企业；后者则相反，是指在不同国家或地区间关联性较低，注重在各东道国因地制宜进行管理的企业。[3] Prahalad 和 Doz (1987)[4] 则从整合和响应两个方面将跨国公司的全球战略分为全球整合、地区响应和多元集中三种类型。

---

[1] PRAHALAD C K, DOZ Y L. An Approach to Strategic Control in MNCs [J]. Sloan Management Review, 1981 (22): 5-13.

[2] WHITE R E, POYNTER T A. Strategies for Foreign-owned Subsidiaries in Canada [J]. Business Quarterly, 1984, 49 (2): 59-69.

[3] PORTER M E. Changing Pattern of International Competition [J]. California Management Review, 1986, 28 (2): 9-40.

[4] PRAHALAD C K, DOZ Y L. The Multinational Mission: Balancing Local Demands and Global Vision [M]. New York: The Free Press, 1987.

Bartlett 和 Ghoshal（1986，1989）[1][2]根据子公司所在地的能力与战略的重要性将子公司分为黑洞、当地执行者、贡献者与战略领导者四种类型，并指出跨国公司可通过分别设置四种不同类型的子公司来实现其全球目标。D'Cruz（1986）[3] 通过研究企业的子公司，按照当地响应和全球整合两个维度将子公司分为分部工厂、全球理性者和全球产品主导者三类。Jarillo 和 Martinez（1990）[4] 在 Porter（1986）、Bartlett 和 Ghoshal（1989）的基础上，从当地响应（价值活动的本地化程度，如是否在子公司所在国家实施研发、采购、制造和营销等活动）和全球整合（在子公司所在国家实施的价值活动与在其他子公司开展的相同活动之间整合的程度）两个维度将子公司角色分为三类：接受者、自主者和积极者。其中，接受型子公司只有少数活动在当地进行，其他活动则由子公司和母公司充分整合；自主型子公司的经营活动多在东道国进行，并且与其他子公司或母公司间基本没有互动和整合；积极型子公司扮演的是跨国公司网络里的一个积极的节点。

Gupta 和 Govindarajan（1991）[5] 认为应当从知识流动的角度来认识子公司，按照子公司知识资源自跨国公司的流入与流出，将子公司分成当地创新者、执行者、全球创新者和整合者四种类型。Bir-

---

[1] BARTLETT C A, GHOSHAL S. Tap Your Subsidiaries for Global Reach [J]. Harvard Business Review, 1986, 62 (6): 87 - 94.

[2] BARTLETT C A, GHOSHAL S. Managing Across Borders: The Transnational Solution [M]. Boston: Harvard Business School Press, 1989.

[3] D'CRUZ J R. Strategic Management of Subsidiaries [A] //ETEMAD H, DULUDE L S. Managing the Multinational Subsidiary. London: Croom Helm, 1986.

[4] JARILLO J C, MARTINEZ J I. Different Roles for Subsidiaries: The Case of Multinational Corporations in Spain [J]. Strategic Management Journal, 1990, 11 (7): 501 - 512.

[5] GUPTA A K, GOVINDARAJAN V. Knowledge Flows and the Structure of Control within Multinational Corporations [J]. Academy of Management Review, 1991, 16 (4): 768 - 792.

kinshaw 和 Morrison（1995）[1] 按照子公司的自主权和活动整合程度将子公司角色分成当地执行者、专业贡献者和全球主导者三类，当地执行者指在限定的地理范围内提供产品制造和附加价值的子公司；专业贡献者指被授予专门技术功能或活动的子公司，这种专门功能或活动可为其他子公司提供帮助；全球主导者指具备全球或区域执行能力的子公司。全球主导者借助总部分配的自主权，整合各子公司活动，配合总部执行集团战略（Roth，Morrison，1990）。[2] Taggart（1997）[3] 认为 Jarillo 和 Martinez（1990）并没有考虑到当地化和一体化都很低的情况，通过对英国 171 家跨国公司子公司的研究，进一步完善了 Jarillo 和 Martinez（1990）提出的子公司角色分类，将当地化和一体化都处于很低水平的子公司称为静止型子公司，以整合与响应两个维度将子公司的角色分为自主型、接受型、积极型和静止型。

国内学者赵景华（2001）[4] 研究跨国公司在华子公司的角色分类，他从跨国公司的战略动机出发，按照其在华子公司是否在当地组织生产和是否在华销售，对子公司角色进行分类，包括资源获取型、生产基地型、销售利润型和市场开拓型。我国台湾学者曾纪幸、司徒达贤和于卓民（1998）将子公司的类型分为本土生根型、生产

---

[1] BIRKINSHAW J M, MORRISON A J. Configurations of Strategy and Structure in Subsidiaries of Multinational Corporations [J]. Journal of International Business Studies, 1995, 26 (4): 729 – 753.

[2] ROTH K, MORRISON A J. An Empirical Analysis of the Integration-Responsiveness Framework in Global Industries [J]. Journal of International Business Studies, 1990, 21 (3): 541 – 564.

[3] TAGGART J H. Autonomy and Procedural Justice: A Framework for Evaluating Subsidiary Strategy [J]. Journal of International Business Studies, 1997, 28 (1): 51 – 76.

[4] 赵景华. 跨国公司在华子公司成长与发展的战略角色及演变趋势 [J]. 中国工业经济, 2001 (12): 61 – 66.

基地型和运营中心型三类,并指出必须按照母公司对子公司管控程度的差异将管理机制具体化、细分化。

Enright 和 Subramanian（2007）在前人研究的基础上从子公司能力创造和能力使用两个维度把子公司分为领导者、创新者、执行者和观察者四种基本类型,又按照产品范围的宽窄和地理区域的辐射范围,最终将子公司角色分为 24 种类型。此外,Roth 和 Morrison（1992）、Taggart（1997）、Randoy 和 Li（1998）也按照不同的分类标准对子公司角色进行了分类,见表 2-3。

表 2-3 现有研究对子公司角色分类汇总

来源	分类标准	子公司角色类型
White 和 Poynter（1984）	市场范围和产品领域	小规模复制者、产品专家、战略独立者
	市场范围和价值增值领域	营销卫星、小规模复制者、有效的制造者、战略独立者
Bartlett 和 Ghoshal（1986,1989）	能力和战略的重要性	黑洞、当地执行者、贡献者、战略领导者
D'Cruz（1986）	当地响应和全球整合	分部工厂、全球理性者、全球产品主导者
Jarillo 和 Martinez（1990）	响应与整合	接受者、自主者、积极者
Gupta 和 Govindarajan（1991）	知识流出与流入	当地创新者、执行者、全球创新者、整合者
Roth 和 Morrison（1992）	全球战略、协调需要	当地创新者、整合者、全球创新者
Birkinshaw 和 Morrison（1995）	自主权与活动整合	当地执行者、专业贡献者、全球主导者
Taggart（1997）	自主与决策	伙伴、合作者、好斗者、隶属者
Taggart（1997）	整合与响应	自主型、接受型、积极型、静止型

续表

来源	分类标准	子公司角色类型
Randoy 和 Li（1998）	资源流入和流出	资源使用者、资源独立者、资源提供者、网络成员
赵景华（2001）	战略动机	资源获取型、生产基地型、销售利润型、市场开拓型
Enright 和 Subramanian（2007）	能力创造和使用	领导者、创新者、执行者、观察者

资料来源：在 Enright 和 Subramanian（2007）以及杨桂菊（2007）的基础上补充整理。

对于子公司角色演进的动因，Birkinshaw（1996）、[1] Birkinshaw 和 Hood（1998）[2] 的研究发现，影响子公司角色演进的因素很多，可以从环境、母公司、子公司、母子公司关系等方面来探讨，如子公司所处当地环境状况及变化、母公司的驱动或指派、母子公司间关系的改变、子公司自身的条件以及发展目标。前三种因素会推动海外子公司角色的被动调整，而子公司会根据自身的条件以及发展目标对自己的角色进行主动调整。

在其角色演化过程中，子公司会通过网络关系利用其创建阶段的主导逻辑进行自我复制，这被认为是子公司角色演化的路径依赖性。主导逻辑指子公司领导者从企业发展的历程中得到的管理经验、心智模式等，不仅是一种先验的认知结构，还包括经营管理哲学，这是领导者决策行为的基础（Prahalad，Bettis，1986）。[3] 只要环境

---

[1] BIRKINSHAW J. How Subsidiary Mandates are Gained and Lost [J]. Journal of International Business Studies, 1996, 27 (3): 467–496.

[2] BIRKINSHAW J, HOOD N. Multinational Subsidiary Development: Capability Evolution and Charter Change in Foreign-owned Subsidiary Companies [J]. Academy of Management Review, 1998, 23 (4): 773–795.

[3] PRAHALAD C K, BETTIS R A. The Dominant Logic: A New Linkage between Diversity and Performance [J]. Strategic Management Journal, 1986, 7 (6): 485–501.

中不出现重大的变化，子公司创建阶段的主导逻辑会一直引导着子公司的演化方向，最后成为限制子公司网络关系新建或重组的惯性阻力。

因此，在子公司的发展过程中，既要合理地利用其主导逻辑指导组织行动，又要努力克服主导逻辑的阻力，从而更好地学习和适应环境变迁。实际上，子公司角色演化成功的关键就在于对子公司的原有主导逻辑提出质疑和挑战，努力对抗并推动主导逻辑转型。[1] 由此可见，子公司内部维持原有主导逻辑的保守力量和建立新主导逻辑的推进力量的对比，将决定着子公司演化的模式。

2.5 不同研究视角的总结评述

以上从三个视角论述了关于母子公司管控研究在过去几十年的发展历程。通过对上述研究成果的比较，可见三个视角下的研究在研究焦点、假设和理论基础方面存在明显的差异，见表2-4。

表2-4 不同研究视角的观点总结

研究视角	母公司统一管理视角	子公司自主发展视角	母子公司关系网络视角
研究的焦点	母子公司管控的模式与机制，及其选择实施	基于子公司角色演化与自主行为的管控	集团公司内部和外部网络，及基于知识流动的管控
对集团公司的假设	科层结构：子公司受母公司管控	非正式结构：子公司具有不同角色，应有充分的自主权	网络观点：子公司处于集团公司内部和外部的网络中，与内部单位和外部单位均有关联

---

[1] 杨桂菊. 跨国公司子公司角色演化机制：子公司网络资本的分析视角 [M]. 上海：上海财经大学出版社, 2007.

续表

研究视角	母公司统一管理视角	子公司自主发展视角	母子公司关系网络视角
理论基础	交易成本理论、权变理论、组织控制理论	委托代理理论、演化理论、资源依赖理论	社会网络理论
企业优势来源	母公司	子公司	集团公司网络
企业资源分布	集中于母公司	集中于各子公司	散布于各子公司
资源的流动	由母公司流向子公司	强势子公司流向母公司或其他子公司	网络内资源互相流通
子公司能力	较低	在行业内具有一定的优势	具有独特能力，甚至是集团某些业务的领导者
子公司功能定位	母公司的附属单位	各子公司承担不同的战略角色	集团网络中的节点
母子公司关系	母公司主导控制	子公司具有较大的自主权	较为平等
子公司间依赖程度	一般	较低	较高
管控机制	各种正式机制为主	股权控制及非正式机制，正式管控极少	文化规范等非正式机制为主

资料来源：根据曾志弘（2001）的框架整理。

母公司统一管理视角的研究认为母子公司是一个科层结构，其研究焦点集中于母公司对子公司的管控模式与机制，研究的理论基础主要是交易成本理论、权变理论和组织控制理论等。子公司自主发展视角的研究认为母子公司是一种非正式结构，子公司承担不同的战略角色，而且这种角色也随着公司内外部环境的变化而不断变化，其研究焦点集中于子公司的角色演化及自主行为，研究的理论基础主要是委托代理理论、演化理论和资源依赖理论。母子公司关系网络视角的研究认为母子公司结构是一个关系网络，子公司不仅与集团内部网络有关联，也与企业外部网络有关联，研究焦点集中于集团内外部网络以及基于知识流动的管控，理论基础主要是社会网络理论。

　　从企业集团的资源和能力来看，母公司统一管理视角的研究认为，企业集团的优势主要来自母公司，企业的资源也集中于母公司，母公司根据战略发展的需要将资源向子公司分配，相对母公司而言，子公司的能力较低。子公司自主发展视角的研究认为企业集团的优势主要来自子公司，企业的资源也集中于各个子公司，集团内部资源的流动是由强势的子公司流向母公司或其他子公司，子公司一般在业内具有一定的竞争优势。母子公司关系网络视角的研究认为，企业集团的优势来自于母子公司构成的企业网络，企业资源也是按网络发展的需要散布于各个子公司，并在集团公司网络内根据需要互相流通，集团内子公司一般具有某方面的独特能力，有些子公司是网络内某些业务的领导者。

　　从母子公司关系的角度来看，母公司统一管理视角的研究认为子公司是母公司的附属单位，母子公司间的关系由母公司主导控制，各子公司之间的依赖程度取决于母公司的安排，子公司间在业务上一般不会主动互相联系。子公司自主发展视角的研究认为，各子公司承担着不同的战略角色，在母子公司间的关系上，子公司具有较大的主导权；由于子公司更加强调自主发展，一般与其他子公司的依赖程度也很低。母子公司关系网络视角的研究认为，母子公司共处于同一个企业网络中，母子公司都是集团公司网络中的节点，因此母子公司关系较为平等，子公司之间的依赖程度也较高。

　　对于母子公司管控机制，从母公司统一管理视角来看，因为母公司在集团中具有统治地位，因此对子公司的管控以各类正式的管控机制为主。从子公司自主发展视角来看，因为母公司的影响力较弱，对子公司的管控主要是股权控制以及非正式机制，很少使用正式机制。从母子公司关系网络的视角来看,母公司主要是一个协调者,对子公司主要使用文化规范等非正式机制。

2.6 研究视角的选择

我国的企业集团以国有企业为主,其中大多数公司是在计划经济向市场经济转轨期间由政府出面组建起来的。组建后的企业集团存在着对政府部门的依存关系,其经营管理主要是按政府指令运行,这也导致公司的管理体制和治理结构具有明显的行政化特征(杨翠兰,2007)。❶ 集团内部的管理强调行政指挥的统一和上级领导的权威性,母公司在集团公司的管理中具有最高权力。因此,本研究将从我国集团公司管控的实践出发,基于母公司统一管理视角,探讨母公司如何处理好集分权和管控方式的问题。

从集团管控的实践来看,母子公司管控模式没有统一标准,没有最好的模式,只有适合某一公司时期内的管控模式。❷ 这就是说,母公司对子公司的管控,应该根据母公司的特点来选择适合自己的方式,而且同一个集团公司内对下属各子公司可以采取不同的管控模式。同时,管控模式应随着公司的发展而不断演化,保持管控模式与企业实际情况的匹配。

权变理论是以针对具体情况设计具体对策的应变思想为基础的管理理论,它兴起于 20 世纪 60 年代末到 70 年代初。权变理论认为,每个企业的外部环境和内部条件都各不相同,因此在管理活动中不存在适用于任何情境的最好管理方式,也没有一成不变和普适

---

❶ 杨翠兰. 我国集团公司管控模式探析[J]. 企业活力, 2007 (11): 86 - 87.
❷ 马玉良. 加强集团管控促进大企业发展[J]. 科技咨询导报, 2006 (6): 6 - 7.

的管理方法，管理的关键在于根据组织所处的外部环境和内部条件随机应变。权变理论以系统观点为理论依据，其理论核心就是通过组织和其所处环境之间的联系，以及组织的各子系统内部和各子系统之间的相互联系，来确定各种变量的关系类型和结构类型。因此，本研究在研究母子公司管控问题时，选用权变理论来研究企业在面对不同环境、选择不同战略时，如何设计合理的管控体系。

2.7　本章小结

本章从三个视角来归类企业集团管控领域的现有研究文献：母公司统一管理视角、子公司自主发展视角和母子公司关系网络视角。

母公司统一管理视角的研究以传统的科层制为基础，认为子公司是母公司的附属机构，其任务主要在于配合实现母公司的整体战略。该视角下的研究重点关注子公司应采取什么样的结构形式才能配合总部的战略。这一视角下的研究文献尽管对集团公司采用某种结构形式没有统一的解释，但几乎都是从母公司的立场出发研究母子公司管控问题的，没有给予子公司特别的关注。子公司自主发展视角的研究与母公司统一管理视角相反，将研究对象转向了子公司。这一视角下早期的研究认为，子公司不仅仅是母公司的附属，它们应有自主权，每个子公司都扮演着不同的角色，承担着一定的战略任务。母公司可根据各子公司角色的不同，指导全球战略配置，对不同角色的子公司建立不同的管理与控制机制。但总体上看，子公司自主发展视角的研究重点从子公司的角度研究问题，较少地考虑母子公司间的相互协调。母子公司关系网络视角的研究认为随着子公司的发展，其在集团公司中的角色地位开始发生变化，因此母子公司之间的关系也需要进行调整。这一视角下大多数研究都是关于母公司与子公司之间关系的。

　　以上三个视角下的研究在研究焦点、假设和理论基础方面存在明显的差异。母公司统一管理视角的研究认为母子公司是一个科层结构，其研究焦点集中于母公司对子公司的管控模式与机制；子公司自主发展视角的研究认为母子公司是一种非正式结构，其研究焦点集中于子公司的角色演化及自主行为。母子公司关系网络视角的研究认为母子公司结构是一个关系网络，子公司不仅与集团内部网络有关联，也与企业外部网络有关联，研究焦点集中于集团内外部网络以及基于知识流动的管控。三个研究视角对企业优势的来源、母子公司关系、控制机制等方面也持有不同的观点，表2-4对它们在上述方面的差异进行了总结和比较。

第3章　基于外部环境的企业集团管控

我国学者自20世纪80年代中期开始探讨企业集团的研究，主要研究集团的组建原则、管理体制、利益分配，以及中外企业集团的比较等。此后国内集团研究逐步深化，讨论企业集团的形成动因、母子公司管理体制、企业集团的成长和发展等问题，[1]形成了以组织网络理论、产权理论和企业兼并理论为导向的中国特色企业集团理论。[2]随着企业集团的发展，此后研究开始关注集团内部的母子公司管理。从整体上看，集团管理研究的主要内容之一是根据我国集团公司发展的现状总结出集团管控的模式，如葛晨、徐金发认为母子公司管理控制的模式包括资本控制型、行政管理型、自主管理型和平台控制型。[3]左庆乐将管控模式分为集权管理模式、分权管理模式和统分结合管理模式。[4]陈志军将母子公司管控模式分为行政管理

---

[1] 汪建康. 企业集团子公司主导行为与公司治理评价［M］. 北京：经济科学出版社，2010.

[2] 毛蕴诗，李新家，彭清华. 企业集团：扩展动因、模式与案例［M］. 广州：广东人民出版社，2000.

[3] 葛晨，徐金发. 母子公司的管理与控制模式：北大方正集团、中国华诚集团等管理与控制模式案例评析［J］. 管理世界，1999（6）：190－196.

[4] 左庆乐. 企业集团母子公司管理模式和管理控制［J］. 云南财经学院学报，2003，17（5）：59－61.

型、治理型和自主管理型三种模式。❶ 虽然这些研究对母子公司管控模式的分类结果各异，但不同分类方式均涉及母公司对子公司管控程度的高低，而且较少探讨管控模式选择的影响因素。另外，可能与相关经验数据获取困难有关，现有集团公司的研究大多数是理论思辨研究，实证研究很少。因此，本研究希望通过问卷调查数据对集团公司外部环境因素对管控模式选择的影响进行实证研究。

在研究外部环境对组织管理影响作用的过程中，不同的学者提出了不同的研究思路。李林和王恒山（2001）运用模糊层次分析方法从政治、经济、社会、技术、产业结构和市场环境 6 个维度 23 个指标对企业外部环境进行评价。陈晓红和王傅强（2008）❷ 基于中南大学中小企业研究中心 2007 年上半年对我国浙江等九省市中小企业外部环境的问卷调查数据，运用结构方程模型对我国东中西部中小企业外部环境展开了评价与比较分析，揭示了我国东中西部中小企业外部环境的差异。宁静和井润田（2009）❸ 采用世界银行投资环境调查（ICS）中来自中国、巴西和南非企业的数据，研究 CEO 人口统计学特征对 R&D 强度的影响，以及社会文化、政府政策、法律体系在两者关系中的调节作用。章细贞（2010）❹ 以深、沪两市 2003—2006 年 762 家上市公司为研究样本，探讨了外部环境、资产专用性与资本结构决策之间的关系。

---

❶ 陈志军. 母子公司管控模式选择［J］. 经济管理，2007，29（3）：35-41.
❷ 陈晓红，王傅强. 我国东中西部中小企业外部环境的实证比较研究［J］. 科学学与科学技术管理，2008（8）：145-150.
❸ 宁静，井润田. CEO 特征、R&D 强度以及外部环境关系的实证研究［J］. 科研管理，2009，30（5）：178-187.
❹ 章细贞. 外部环境、资产专用性与资本结构决策：基于联立方程系统的实证分析［J］. 财贸研究，2010（1）：139-148.

Stanton（1979）为了建立环境与组织之间的预测模型，将环境因素界定为四个维度：复杂性、不确定性、稳定性和变化速度。[1] Aldrich（1979）在总结梳理大量种群生态学和资源依赖理论文献的基础上，认为外部环境可以从六个维度进行解释：容量（Capacity）、稳定－不稳定（Stability－Instability）、同质－异质（Homogeneity－Heterogeneity）、集中－分散（Concentration－Dispersion）、动荡（Turbulence）、领域聚合－领域离散（Domain Consensus－Dissensus）。[2] Dess 和 Beard（1984）在 Aldrich 的基础上，对 52 个制造企业的数据进行提炼，将外部环境维度整合为三个：慷慨性（Munificence）、动态性（Dynamism）和复杂性（Complexity），[3] 各维度的解释与 Stanton（1979）的解释相似。后期学者的研究大多借用 Dess 和 Beard（1984）的模型，如 Boyd（1990）参照 Dess 和 Beard 的三维度划分法研究企业环境对董事会的影响。[4] 因此，本研究将参照 Dess 和 Beard（1984）对外部环境的界定，从慷慨性、动态性和复杂性三个维度研究环境的影响。

3.1 研究假设

如前所述，对外部环境从动态性、慷慨性和复杂性三个维度进行考量。因此下文将分别从外部环境不同的动态性、慷慨性和复杂

---

[1] STANTON R R. Future Organizations: A Model of Structural Response to Organizational [J]. Environment Technological Forecasting and Social Change, 1979（5）: 217–240.

[2] ALDRICH H E. Orgnizations and Environments [M]. Englewood Cliffs: Prentice-Hall, 1979.

[3] DESS G G, BEARD D W. Dimensions of Organizational Task Environments [J]. Administrative Science Quarterly, 1984（1）: 52–73.

[4] BOYD B. Corporate Linking and Organizational Environment: A Test of the Resources Dependence Model [J]. Strategic Management Journal, 1990（6）: 419–430.

性探讨母子公司管控程度和管控方式对企业绩效的影响。

3.1.1 环境动态性

3.1.1.1 对管控程度与公司绩效间关系的调节

Dess 和 Beard (1984) 认为环境动态性指环境因素变化的不确定性以及预测环境变化的困难程度,环境因素不确定性越高或预测这些因素越困难,则环境动态性就越高。环境动态性可进一步划分为市场动态性和技术动态性,市场动态性越强,客户的需求和导向越可能发生很大改变,可能带来商业模式的创新;技术动态性越强,企业越必须不断研发,引入新的、核心的技术,才能完成技术跨越和变迁(伍蓓、陈劲、吴增源,2010)。[1] Yu (1996) 的研究发现当企业的动态性较强时,企业会倾向于增加人力资源系统及实务的弹性,允许下属部门或子公司有更多的自主权。[2] 无论是市场还是技术环境的动态变化,都会加速降低不在一线工作的集团管理者预测未来事件的能力,降低其对组织的影响作用。在动荡环境里开展经营活动的企业,需要不断地调整其战略、产品和服务,以便对不同的环境动荡水平做出有效反应,更好地满足顾客不断变化的偏好和对竞争对手的行动及时做出有效反应(焦豪,2008)。[3] 频繁变化的外部环境要求公司在整合资源和匹配环境变化方面必须具备很强的调整能力和较快的应变速度,这对保持公司竞争优势至关重要(张映

---

[1] 伍蓓,陈劲,吴增源. 环境动态性对研发外包强度与企业绩效关系的调节效应研究 [J]. 科研管理,2010 (7):24–30.

[2] YU G C. Organizational Choice of Human Resource Management System [D]. Madison:University of Wisconsin, Doctoral Dissertation, 1996.

[3] 焦豪. 企业动态能力、环境动态性与绩效关系的实证研究 [J]. 软科学,2008,4 (22):112–117.

红, 2008)。[1]

Gupta 和 Govindarajan (1986) 认为当战略业务单元面对的环境不确定性增加时, 如果将较多的异常情况提交到集团处理, 集团管理层会因此变得不堪重负, 解决的办法就是将决策层下移到信息所在地, 而不是把信息提交到集团处理。[2] 当企业处于动态性较高的环境时, 经营者面临着一个模糊的、缺乏清楚的价值判断标准和较好的战略选择的经营环境, 这些因素可能迫使经营者在只能对公司的经营环境做出有限诊察的情况下, 快速地做出战略决策（焦豪, 2008)。

环境的动态性越高, 企业就越需要保持高水平的企业动态能力, 以便有效地对顾客环境、技术环境和市场环境的变化做出反应, 实现较高的竞争绩效水平。

因此, 外部环境变化速度越快, 母公司越难以了解和把握子公司外部环境的变化, 母公司层面管理者越多地干预子公司的决策, 则越不利于子公司的绩效; 母公司赋予子公司更多的自主权, 则更有利于子公司根据外部环境变化调整组织决策, 进而提升公司绩效。而在外部环境变化速度较慢时, 母公司管理者可以较好地把握外部环境的变化, 通过适当降低子公司的自主决策权, 更好地推动子公司间的资源共享, 可以提升子公司乃至整个集团的经营绩效。据此, 提出假设 H1。

H1: 环境动态性会调节母公司对子公司的管控程度与公司绩效

---

[1] 张映红. 动态环境对公司创业战略与绩效关系的调节效应研究 [J]. 中国工业经济, 2008 (1): 105 – 113.

[2] GUPTA A K, GOVINDARAJAN V. Decentralization, Strategy, and Effectiveness of Strategic Business Units in Multibusiness Organizations [J]. Academy of Management Review, 1986, 4 (11): 844 – 856.

之间的关系。环境动态性较高时，母公司对子公司的管控程度与公司绩效负相关；环境动态性较低时，母公司对子公司的管控程度与公司绩效正相关。

3.1.1.2 对管控方式与公司绩效间关系的调节

Gordon 和 Miller（1976）认为环境动态性越高，企业越会更多地关注竞争者行动、顾客需求等非财务数据。[1] 这些信息的获取需要企业高层更多与子公司高管面谈或亲临子公司甚至市场实地考察，这意味着增加非正式管控方式的使用。罗来军（2010）在研究跨国公司子公司的管控时认为，当跨国公司的国际化经营环境动态性增强时，跨国公司对子公司的组织要求增加动态性和灵活性。[2] 此时，不再适合对国际子公司实施正式管控机制，而应加强非正式管控机制的实施。Gomez-Mejia 等人（1995）认为当公司面临的环境动态性较高时，应更多地采用变动薪酬制度，增加弹性，让下属与企业共担风险，这意味着更多的非正式管控机制；而当环境动态性较低时，应采用固定薪酬制度，以秩序为原则，更多地利用正式管控机制。[3] 陈志军和王宁（2009）认为当子公司环境不确定性高的时候会促成文化控制的高度使用。[4] 当母公司对子公司放权以应对环境变化时，可能会导致子公司出现内部人控制的现象，与其他控制手段相比，文化控制有利于降低代理风险，更有利于子公司效能的提高（陈志

---

[1] GORDON L A, MILLER D. A Contingency Framework for the Design of Accounting Information Systems [J]. Accounting, Organization and Society, 1976, 1 (1): 59–69.
[2] 罗来军. 国际合资子公司的控制机制 [M]. 北京：中国环境科学出版社，2010.
[3] GOMEZ-MEJIA L R, BALKIN D B, CARDY R. Managing Human Resource [M]. Upper Saddle River: Prentice-Hall Inc., 1995.
[4] 陈志军，王宁. 母子公司文化控制影响因素研究 [J]. 财经问题研究，2009 (1): 99–105.

军、董青，2011）。❶ 因此，当公司面临的外部环境动态性较高时，企业要提升业绩，就应多采用非正式管控手段；而当环境比较稳定时，采用正式管控手段有利于提升业绩。据此，提出假设 H2a 和 H2b。

H2a：环境动态性会调节母公司对子公司的正式管控方式与公司绩效之间的关系。环境动态性较高时，母公司对子公司越多采用正式管控，公司绩效越差；环境动态性较低时，母公司对子公司越多采用正式管控，公司绩效越好。

H2b：环境动态性会调节母公司对子公司的非正式管控方式与公司绩效之间的关系。环境动态性较高时，母公司对子公司越多采用非正式管控，公司绩效越好；环境动态性较低时，母公司对子公司越多采用非正式管控，公司绩效越差。

3.1.2 环境慷慨性

3.1.2.1 对管控程度与公司绩效间关系的调节

Starbuck（1976）将环境慷慨性定义为环境支持企业持续增长的程度，其观点与 Aldrich 提出的"环境的容量"相似，他们都指出组织会寻求能带来持续增长的外部环境。❷ Dess 和 Beard（1984）认为环境的慷慨性指环境给予企业提供的发展空间。Ansoff（1965）认为市场的增长会帮助业内企业提升竞争地位并拓宽其现有的产品—市场范围。❸ 实证研究也发现行业的可盈利性与行业内企业绩效显著正相关，例如 Beard 和 Dess（1981）的研究发现行业资产回报率比企

---

❶ 陈志军，董青. 母子公司文化控制与子公司效能研究［J］. 南开管理评论，2011, 1 (14)：75 - 82.

❷ STARBUCK W H. Organizations and their Environments ［C］//DUNNETTE M D. Handbook of Industrial and Organizational Psychology. Chicago：Rand McNally, 1976.

❸ ANSOFF H I. Corporate Strategy ［M］. New York：Mcgraw-Hill, 1965.

业规模等更能反映企业资产回报率的变化。[1]

Pennings（1975）认为上级领导对决策的介入越多，下级的工作满意度越低，即使这种情况下组织的绩效很好。[2] 当外部环境非常有利于企业发展时，如果母公司对子公司的干涉较多，会降低子公司经理的工作满意度，不利于子公司抓住机会迅速发展。而且当母公司对子公司管控程度较高时，总经理对部门资源使用的干预权降低，进而降低了其对公司绩效的控制，同时降低了子公司经理在外部环境高慷慨性的情况下进一步推动公司发展的意愿。Khandwalla（1972）研究发现，企业面临外部竞争越激烈，其内部的管理控制程度越高。[3] 子公司面临激烈的外部竞争时，环境的慷慨性降低，此时母公司倾向于加大对子公司的管控。Gordon 和 Miller（1976）认为随着竞争的加剧，企业会要求其业务单元加快会计报告的频率，同时提供大量的非财务数据，成本计算和控制系统也会变得更加复杂。[4] 王宇和余容（2008）研究发现当外部环境呈现出较强的敌意性时，要求企业迅速做出反应，以消解环境敌意性对企业的不利影响。[5] 这个时候，环境因素压倒内部组织因素成为战略变化的主要驱动力量，企业高层管理者可能采取强有力的措施推动战略变化，因此，其战略选择将是进行激进式的战略变化。Yasai-Ardekani

---

[1] BEARD D W, DESS G G. Corporate-level Strategy, Business-level Strategy and Firm Performance [J]. Academy of Management Journal, 1981 (24): 663 – 688.

[2] PENNINGS J M. The Relevance of the Structural-ontingency Model for Organizational Effectiveness [J]. Administrative Science Quarterly, 1975 (20): 393 – 407.

[3] KHANDWALLA R N. The Effect of Different Types Competition on the Use of Management Control [J]. Journal of Accounting Reserch, 1972, 10 (2): 275 – 285.

[4] GORDON L A, MILLER D. A Contingency Framework for the Design of Accounting Information Systems [J]. Accounting, Organization and Society, 1976, 1 (1): 59 – 69.

[5] 王宇，余容. 外部环境复杂性和敌意性对上市公司战略变化的影响 [J]. 管理观察，2008 (8): 50 – 51.

(1989)认为，在慷慨性高的环境，组织会倾向于下放决策权，降低组织单位。这种授权能使下属及时做出反应，更有效地消除限制或交易的竞争压力。而在环境慷慨性较低时，高层管理人员将通过建立较短的沟通渠道和行使更多的直接控制，参与子公司决策，尤其是战略决策。综上，提出研究假设 H3。

H3：环境慷慨性会调节母公司对子公司的管控程度与公司绩效之间的关系。环境慷慨性较高时，较高的管控程度会阻碍进一步提升公司绩效；环境慷慨性较低时，较高的管控程度有助于提升公司绩效。

3.1.2.2 对管控方式与公司绩效间关系的调节

王宇和余容（2008）的研究还发现，面对环境慷慨性较低的情况，企业将通过加大一体化战略和影响更为深远的战略变化进行应对。这将引起集团公司更多地关注子公司的战略决策，在管控方式上也采用要求子公司更多地审批汇报等正式管控方式。如前所述，Yasai-Ardekani（1989）认为在慷慨性较高的环境，组织会倾向于放权给子公司，使下属能够及时做出反应，同时在管控方式方面，也朝着降低程序的形式化倾向发展，企业往往会部署大量的专家，允许子公司具有更大的灵活性。在慷慨性较低的环境中，高层管理人员旨在加强经营控制，使用的管理程序会更加正规化，更强的正规化可以在行动中实现更高的效率。因此，提出假设 H4a 和 H4b。

H4a：环境慷慨性会调节母公司对子公司的正式管控方式与公司绩效之间的关系。环境慷慨性较高时，母公司对子公司越多采用正式管控，公司绩效越差；环境慷慨性较低时，母公司对子公司越多采用正式管控，公司绩效越好。

H4b：环境慷慨性会调节母公司对子公司的非正式管控方式与公

司绩效之间的关系。环境慷慨性较高时，母公司对子公司越多采用非正式管控，公司绩效越好；环境慷慨性较低时，母公司对子公司越多采用非正式管控，公司绩效越差。

3.1.3 环境复杂性

3.1.3.1 对管控程度与公司绩效间关系的调节

Dess 和 Beard（1984）认为环境复杂性可以从两个方面量度：一是环境因素的同质或异质性，二是组织内部单位的集中或分散程度。从组织外部环境的异质性方面来看，当外部环境的异质性较高时，企业需要更多的管理决策来处理外部环境问题。Chandler（1962）发现，组织管理活动的多样化增强时，应该更多地分权。❶ 所以当环境复杂性程度较高时，母公司要赋予子公司更多自主权。同时，Starbuck（1976）认为组织的分散会减少组织间的相互依赖，并指出 Aldrich 提出的集中—分散维度也属于环境复杂性的范畴。集团公司内部单位越是分散，母子公司之间越难以进行快速有效的沟通，母公司就越应当放权给子公司，正所谓"将在外，君命有所不受"。Baliga 和 Jaeger（1984）认为复杂环境引起组织成员不确定性提高，这将提高母公司对子公司的委托授权程度。❷ 公司外部环境复杂性越高时，子公司自主权越高越有利于提升其经营绩效；而当环境复杂性较低时，企业只需要较少的管理决策活动，且内部单位比较集中，便于管理，母公司适当集权可以在一定程度上降低管理成本。据此，提出假设 H5。

---

❶ CHANDLER A D. Strategy and Structure: Chapters in the History of the American Industrial Enterprise [M]. Cambridge: MIT Press, 1962.
❷ BALIGA, JAEGER. Multinational Corporations: Control Systems and Delegation Issues [J]. Journal of International Business Studies, 1984, 15 (2): 25-39.

H5：环境复杂性会调节母公司对子公司的管控程度与公司绩效之间的关系。环境复杂性较高时，母公司对子公司的管控程度与公司绩效负相关；环境复杂性较低时，母公司对子公司的管控程度与公司绩效正相关。

3.1.3.2 对管控方式与公司绩效间关系的调节

罗来军（2010）在研究跨国公司子公司的管控时认为，当跨国公司的国际化经营环境复杂性增强时，跨国公司对子公司的组织要求增加个别性。❶ 此时，不再适合对国际子公司实施正式管控机制，而应加强非正式管控及时的实施。Baliga 和 Jaeger（1984）指出文化控制实施程度与母公司对子公司的委托授权程度紧密联系，对子公司较高的授权可能出现内部人控制现象，而文化控制较其他控制手段，能够使子公司经理人对母公司产生"道德承诺"，提高他们对母公司的忠诚度，从而降低控制成本。因此，提出假设 H6a 和 H6b。

H6a：环境复杂性会调节母公司对子公司的正式管控方式与公司绩效之间的关系。环境复杂性较高时，母公司对子公司越多采用正式管控，公司绩效越差；环境复杂性较低时，母公司对子公司越多采用正式管控，公司绩效越好。

H6b：环境复杂性会调节母公司对子公司的非正式管控方式与公司绩效之间的关系。环境复杂性较高时，母公司对子公司越多采用非正式管控，公司绩效越好；环境复杂性较低时，母公司对子公司越多采用非正式管控，公司绩效越差。

---

❶ 罗来军. 国际合资子公司的控制机制 [M]. 北京：中国环境科学出版社, 2010：26 - 27.

3.2 研究设计

3.2.1 样本来源

本研究的数据获取通过两次问卷调查——预调研和正式调研。在大量发放调查问卷之前,市场预调研是一项必不可少的工作。本研究的预调研数据获取通过向山东大学 MBA 班学员集中发放问卷并当堂回收,发放对象为在集团公司子公司工作的管理者,共发放问卷 217 份,回收 189 份,剔除无效问卷 84 份,得到有效问卷 105 份,有效问卷回收率为 55.6%。根据预调研数据情况修正了问卷部分内容及格式。

正式调研于 2011 年 3—10 月展开,通过向海尔集团、九阳集团、许继集团、武钢集团、中国电信山东公司等企业的子公司高层管理者,以及山东大学 EMBA 班学员和深圳 MBA 班学员中在集团公司子公司层面工作的管理者发放问卷 297 份,共收回问卷 110 份,回收率为 37.0%。对收到问卷中重要信息缺失及随机性较强的无效问卷进行选择剔除,最终得到有效问卷 87 份,有效率为 29.3%。有些问卷中,个别题项漏填的,采用 SPSS 中的 Mean 函数进行缺失值处理。

3.2.2 变量测量

3.2.2.1 外部环境

国外学者在测量外部环境的三个维度时一般采用二手数据,如 Boyd(1990)在研究企业环境因素对董事会的影响时,利用过去五年行业增长率测度环境慷慨性,用过去五年行业增长变化程度测度环境动态性,用赫芬达指数测度环境复杂性。但随着技术革新和限制放宽,降低了行业间的壁垒,导致了行业界限模糊化,甚至需要重划行业界限(植草益,2001;Greensteina, Khanna, 1997;转引自马健,2002),❶ 因此在行业界限模糊的情况下,采用二手数据测量外部环境很难确定企业的行业归属,利用行业赫芬达指数、增长率及其变化程度难以准确量度企业外部环境的特征。故本研究采用主观方法测量外部环境,通过被调查者对外部环境的认识获取环境特征数据。

Dess 和 Beard (1984)认为组织在其任务环境中需要处理与众多供应商、客户及竞争者的关系。因此,结合 Dess 和 Beard 的观点及 Porter (1980)❷ 的五力模型理论设计量度外部环境题项。

3.2.2.2 环境动态性

环境动态性包括供应商、竞争对手、经销商、顾客需求、行业制造技术和法律政策的发展变化情况,以及企业进入或退出本行业的情况。所有题项均设计为李克特五级量表,请被调查者根据其实际情况填写对各题项的同意程度,选项 1 表示非常不同意,选项 5 表示非常同意。题项包括:子公司所在行业经销商经常发生变化、供应商经常发生变化、竞争对手经常发生变化、顾客需求经常发生变化、所在行业的制造技术革新速度很快、子公司的法律政策经常发生变化、经常有公司进入/退出本行业。根据预调查回收数据因子分析结果,测量本构念的七个原始题项均予以保留。根据正式调查数据分析,本构念 Cronbach's α 为 0.755。

3.2.2.3 环境慷慨性

环境慷慨性从供应商、经销商、竞争对手和替代品的数量以及

---

❶ 马健. 产业融合理论研究述评 [J]. 经济学动态, 2002 (5): 78-81.

❷ PORTER M E. Competive Strategy: Techniques for Analyzing Industries and Competitors [M]. New York: Free Press, 1980.

行业增长速度五个方面进行测量。所有题项均设计为李克特五级量表，请被调查者根据其实际情况填写对各题项的同意程度，选项 1 表示非常不同意，选项 5 表示非常同意。题项包括：子公司所在行业经销商很多、子公司竞争对手数量很多、子公司所在行业供应商很多、市场上子公司产品替代品很多、子公司所在行业增长迅速。根据预调查回收数据因子分析结果，测量本构念的最后一个原始题项"子公司所在行业增长迅速"偏差较大，予以剔除。剩余四个题项保留。根据正式调查数据分析，本构念 Cronbach's α 为 0.647。

3.2.2.4 环境复杂性

环境复杂性从竞争对手能力和战略的差异、同类供应商和经销商规模能力的差异、其他企业进入本行业的难度以及本集团公司内各子公司的地理分布集中程度等方面进行测量。所有题项均设计为李克特五级量表，请被调查者根据其实际情况填写对各题项的同意程度，选项 1 表示非常不同意，选项 5 表示非常同意。题项包括：子公司所在行业竞争对手战略差异很大、经销商差异很大、供应商差异很大、竞争对手能力差异很大、各子公司地理分布很集中、其他行业很难进入本行业。根据预调查回收数据因子分析结果，测量本构念的两个原始题项"各子公司地理分布很集中"和"其他行业很难进入本行业"偏差较大，予以剔除。剩余四个题项保留。根据正式调查数据分析，本构念 Cronbach's α 为 0.63。

3.2.3 子公司管控

3.2.3.1 管控程度

Lovett 等人（2009）❶ 对管控程度的测量仅设计一个李克特五级

---

❶ LOVETT S R, PEREZ-NORDTVEDT L, RASHEED A A. Parental Control: A Study of U. S. Subsidiaries in Mexico [J]. International Business Review, 2009 (18): 481-493.

量表问题，直接询问子公司的自主权。本研究在其基础上进行扩展，从子公司人才招聘选拔、产品价格制定、成本开支、投资支出、年度目标、营销宣传、市场选择、新产品开发、产品设计修改、生产流程修改、员工公司和日常管理等多个方面测量母公司对子公司的管控程度。所有题项均采用李克特五级量表，选项包括：1—完全由子公司决定；2—子公司决定，母公司提供建议；3—母公司和子公司共同决定；4—母公司决定，子公司提供建议；5—完全由母公司决定。

具体题项包括：子公司人才招聘、子公司的干部选拔任用、子公司产品（或服务）的价格、子公司的成本开支、子公司的投资支出、子公司的年度目标、子公司的广告及促销宣传、子公司的市场选择、子公司新产品开发、子公司产品设计修改、子公司生产流程修改、子公司员工工资及用人政策、子公司的日常管理。根据预调查回收数据因子分析结果，测量本构念的所有原始题项均予以保留。根据正式调查数据分析，本构念 Cronbach's α 为 0.881。

3.2.3.2 管控方式

管控方式可分为正式管控和非正式管控两大类。

（1）正式管控通过集团公司制定详细的制度流程来管理子公司和对执行情况进行监督，以及子公司定期向集团公司汇报经营情况。所有题项均采用李克特五级量表，询问被调查者对问题的同意程度，选项1表示非常不同意，选项5表示非常同意。具体题项包括：集团制定了详细的制度流程来管理子公司、子公司的制度流程执行情况受到集团的严格监督、子公司向集团公司汇报经营情况的周期。根据预调查回收数据因子分析结果，测量本构念的一个原始题项"子公司向集团公司汇报经营情况的周期"偏差较大，予以剔除。剩余两个题项保留。根据正式调查数据分析，本构念 Cronbach's α

为 0.817。

（2）非正式管控通过调查子公司高管、中层、普通员工和新员工参加集团召开的会议情况，以及集团领导是否经常视察子公司进行测量。所有题项均采用李克特五级量表，询问被调查者对问题的同意程度，选项 1 表示非常不同意，选项 5 表示非常同意。具体题项包括：子公司新进员工需要在集团内统一培训、子公司高管需要经常参加集团组织的会议、子公司中层需要经常参加集团组织的会议、子公司员工需要经常参加集团组织的会议、集团领导经常视察子公司。根据预调查回收数据因子分析结果，测量本构念的一个原始题项"集团领导经常视察子公司"偏差较大，予以剔除。剩余四个题项保留。根据正式调查数据分析，本构念 Cronbach's α 为 0.683。

3.2.4 因变量

公司绩效，采用 Richards 和 Hu（2003）[1] 的方法，利用李克特五级量表测度被调查者对子公司的市场份额、销售利润率和资产回报率的满意程度，选项 1 代表非常差，选项 2 代表比较差，选项 3 代表一般，选项 4 代表比较好，选项 5 代表非常好。具体题项包括：和竞争对手相比，您认为子公司的市场份额、子公司的销售利润率、子公司的资产回报率好或不好。根据预调查回收数据因子分析结果，测量本构念的所有原始题项均予以保留。根据正式调查数据分析，本构念 Cronbach's α 为 0.719。

3.2.5 控制变量

控制变量为子公司规模、集团公司规模、子公司发展阶段、集

---

[1] RICHARDS M, HU M Y. US Subsidiary Control in Malaysia and Singapore [J]. Business Horizons, 2003（6）：71-76.

团公司发展阶段。

(1) 子公司规模通过子公司员工数量和销售额测度。对于前者设计李克特五级量表为1代表25人以下,2代表25~300人,3代表301~1000人,4代表1001~2000人,5代表2000人以上。后者李克特五级量表设计为1代表1000万元以下,2代表1000万~3000万元,3代表3000万~1亿元,4代表1亿~3亿元,5代表3亿元以上。

(2) 集团公司规模通过集团公司员工数量和销售额测度。对于前者设计五级量表为1代表300人以下,2代表300~2000人,3代表2001~10000人,4代表10001~10万人,5代表10万人以上。后者李克特五级量表设计为1代表3亿元以下,2代表3亿~10亿元,3代表10亿~50亿元,4代表50亿~1000亿元,5代表1000亿元以上。

(3) 子公司和集团公司的发展分为四个阶段,分别为刚刚起步、快速发展、成熟稳定、业务收缩。

3.2.6 检验模型

如前所述,本研究系基于权变理论探讨外部环境和企业战略对母子公司管控决策选择的影响,所有的假设均为调节效应的假设。调节效应是有因果指向的交互效应。如果变量 Y 与变量 X 的关系是变量 M 的函数,则称 M 为调节变量。[1] 就是说,Y 与 X 的关系受到第三个变量 M 的影响,即

$$dY/dX = a + cM \qquad (3-1)$$

---

[1] JAMES L R, BRETT J M. Mediators, Moderators and Tests Formediation [J]. Journal of Applied Psychology, 1984, 69 (2): 307-321.

调节变量可以是定性的（如性别、种族、学校类型等），也可以是定量的（如年龄、受教育年限、刺激次数等），它影响因变量和自变量之间关系的方向（正或负）和强弱。❶

对式（3-1）两边积分可得

$$Y = (a + cM)X + bM + C \qquad (3-2)$$

其中，a、b、c 均为系数，C 为积分产生的常数项。对于固定的 M，这是 Y 对 X 的直线回归。Y 与 X 的关系由回归系数 $a + cM$ 来刻画，它是 M 的线性函数，c 衡量了调节效应的大小。式（3-2）可写成

$$Y = aX + bM + cMX + C \qquad (3-3)$$

在上述方程中，M 为调节变量，MX 为调节效应，判断调节效应是否显著即分析 c 是否显著达到统计学意义上的临界比率。

调节效应分析方法根据自变量和调节变量的测量级别而定。变量可分为两类：一类是类别变量，包括定类和定序变量；另一类是连续变量，包括定距和定比变量。定序变量的取值比较多且间隔比较均匀时，也可以近似作为连续变量处理。

当自变量和调节变量都是类别变量时做方差分析。当自变量和调节变量都是连续变量时，用带有乘积项的回归模型做层次回归分析：

（1）做 Y 对 X 和 M 的回归，得测定系数 R_1^2。

（2）做 Y 对 X、M 和 XM 的回归得 R_2^2，若 R_2^2 显著高于 R_1^2，则调节效应显著；或者做 XM 的偏回归系数检验，若显著，则调节效应显著。

当调节变量是类别变量、自变量是连续变量时，做分组回归分

---

❶ BARON R M, KENNY D A. The Moderator-mediator Variable Distinction in Social Psychological Research: Conceptual, Strategic, and Statistical Considerations [J]. Journal of Personality and Social Psychology, 1986, 51 (6): 1173-1182.

析。但当自变量是类别变量、调节变量是连续变量时，不能做分组回归，而是将自变量重新编码成为伪变量，用带有乘积项的回归模型做层次回归分析。

当自变量和调节变量都是连续变量时，将自变量和调节变量中心化。

$$Y = aX + bM + cXM + C + e \qquad (3-4)$$

做式（3-4）的层次回归分析：首先做 Y 对 X 和 M 的回归，得测定系数 R_1^2。然后做 Y 对 X、M 和 XM 的回归得 R_2^2，若 R_2^2 显著高于 R_1^2，则调节效应显著。

需要说明的是，除非已知 X 和 M 不相关，否则调节效应模型不能按标准化解。这是因为，即使 X 和 M 的均值都是零，XM 的均值一般说来也不是零。

因此，为了检验本研究中外部环境和企业战略对母子公司管控与公司绩效间关系影响的假设，采用三个模型进行层次回归。在模型1式（3-5）中，放入控制变量，来检验其与公司绩效的关系；在模型2式（3-6）中，放入环境变量、企业战略变量和管控变量，检验主效应是否显著；在模型3式（3-7）中分别放入各个调节变量与自变量的交互项（在计算交互项时，先对自变量和调节变量进行标准化处理）。共有10个模型，分别检验交互项回归系数的显著性及放入交互项前后 R^2 的变化（ΔR^2）。

$$Pe\_S_1 = \alpha_0 + \alpha_1 IND + \alpha_2 SUB + \alpha_3 S\_SIZE + \alpha_4 P\_SIZE +$$
$$\alpha_5 S\_STAGE + \alpha_6 P\_STAGE + \varepsilon_1 \qquad (3-5)$$

$$Pe\_S_2 = \beta_0 + \beta_1 IND + \beta_2 SUB + \beta_3 S\_SIZE + \beta_4 P\_SIZE +$$
$$\beta_5 S\_STAGE + \beta_6 P\_STAGE + \beta_7 DYN + \beta_8 COM + \beta_9 MUN +$$
$$\beta_{10} P\_STR + \beta_{11} S\_STR + \beta_{12} S\_STRLL + \beta_{13} S\_STRD + \beta_{14} S\_STRF +$$
$$\beta_{15} CON\_D + \beta_{16} CON\_S + \beta_{17} CON\_UNS + \varepsilon_2 \qquad (3-6)$$

$$Pe\_S_3 = \gamma_0 + \gamma_1 IND + \gamma_2 SUB + \gamma_3 S\_SIZE + \gamma_4 P\_SIZE +$$
$$\gamma_5 S\_STAGE + \gamma_6 P\_STAGE + \gamma_7 DYN + \gamma_8 COM + \gamma_9 MUN +$$
$$\gamma_{10} P\_STR + \gamma_{11} S\_STR + \gamma_{12} S\_STRL + \gamma_{13} S\_STRD + \gamma_{14} S\_STRF +$$
$$\gamma_{15} CON\_D + \gamma_{16} CON\_S + \gamma_{17} CON\_UNS + \gamma_{18i} CON\_D \cdot M_i +$$
$$\gamma_{19i} CON\_S \cdot M_i + \gamma_{20i} CON\_UNS \cdot M_i + \varepsilon_{3i} \quad (3-7)$$

其中，ε_{ji} 为随机扰动项；$j = 1，2，3$，$i = 1，2，3，4，5，6，7，8$，分别对应 M_i 为 DYN，COM，MUN，P_STR，S_STR，S_STRL，S_STRD，S_STRF。

3.3 实证检验与讨论

3.3.1 描述性统计分析

3.3.1.1 样本最大值、最小值、均值及标准差

表 3-1 给出了本研究中各变量的最大值、最小值、均值及标准差。

表 3-1 研究变量描述性统计分析

变量	最小值	最大值	均值	标准差
子公司所在行业	1.00	4.00	1.747	0.662
子公司性质	1.00	5.00	1.975	1.110
子公司规模	1.50	5.00	3.548	0.975
母公司规模	1.00	5.00	3.446	1.000
母公司发展阶段	1.00	4.00	2.738	0.593
子公司发展阶段	1.00	4.00	2.476	0.686
环境动态性	1.14	4.43	3.089	0.704
环境慷慨性	1.75	5.00	3.503	0.682
环境复杂性	2.00	5.00	3.483	0.598

续表

变量	最小值	最大值	均值	标准差
母公司多元化	1.00	5.00	3.103	1.312
子公司多元化	1.00	5.00	2.299	1.153
子公司低成本战略	1.00	5.00	2.667	0.858
子公司差异化战略	1.00	5.00	2.931	0.959
子公司管控程度	1.15	4.77	2.798	0.853
子公司正式管控	1.00	5.00	3.701	1.058
子公司非正式管控	1.25	5.00	3.491	0.817
公司绩效	2.00	5.00	3.558	0.596

3.3.1.2 样本分布情况

本研究样本为 87 家集团公司下属的子公司。从行业分布来看（见表 3-2），5 家来自第一产业（农林牧渔），占全部样本的 5.7%；大部分受调查的子公司来自制造业，有 52 家，占全部样本的 59.8%；其余 30 家子公司来自服务业，占全部样本的 34.5%。

表 3-2 样本的行业分布情况

行业	频数	占比
服务业	30	34.5%
制造业	52	59.8%
农林牧渔	5	5.7%
合计	87	100.0%

从子公司的性质来看（见表 3-3），绝大多数受调查的子公司属于全资或绝对控股子公司，共计 74.7%，其中全资子公司 37 家，绝对控股子公司 28 家。相对控股子公司 13 家，占全部样本的 14.9%。参股和挂靠子公司共 9 家，分别占全部样本的 5.7% 和 4.6%。

表3-3 样本的子公司性质分布情况

公司性质	频数	占比
全资子公司	37	42.5%
绝对控股	28	32.2%
相对控股	13	14.9%
参股	5	5.7%
挂靠	4	4.6%
合计	87	100.0%

注：由于进行了四舍五入处理，百分数之和可能不为100%，后同。

子公司规模的分布情况通过员工人数和销售额两个方面来体现。从子公司的人数来看（见表3-4），绝大多数受调查的子公司员工数为25~1000人，拥有25~300人的子公司有32家，占全部样本的36.8%；拥有301~1000人的子公司有30家，占全部样本的34.5%。超过千人的子公司共24家，1001~2000人的子公司有7家，占全部样本的8.0%；超过2000人的子公司有17家，占全部样本的19.5%。不足25人的子公司仅1家，占全部样本的1.1%。

表3-4 样本的子公司人数分布情况

人数	频数	占比
25人以下	1	1.1%
25~300人	32	36.8%
301~1000人	30	34.5%
1001~2000人	7	8.0%
2000人以上	17	19.5%
合计	87	100.0%

从子公司的销售额来看（见表3-5），大多数受调查的子公司的年销售超过亿元，占全部样本的70.1%，其中销售额为1亿~3亿元的有21家，占全部样本的24.1%；销售额超过3亿元的子公司有40家，占全部样本的46.0%。销售额未超过亿元但超过千万元的

子公司共24家，销售额为1000万~3000万元的子公司有9家，占全部样本的10.3%；销售额超过3000万元但未超过亿元的子公司有15家，占全部样本的17.2%。销售额不足1000万元的子公司仅2家，占全部样本的2.3%。

表3-5 样本的子公司销售额分布情况

销售额	频数	占比
1000万元以下	2	2.3%
1000万~3000万元	9	10.3%
3000万~1亿元	15	17.2%
1亿~3亿元	21	24.1%
3亿元以上	40	46.0%
合计	87	100.0%

子公司所在集团公司的规模分布情况也是通过员工人数和销售额两个方面来体现的。从集团公司的人数来看（见表3-6），绝大多数受调查的子公司所在集团公司员工数为2000~10万人，拥有2001~10000人的集团公司有33家，占全部样本的37.9%；拥有10001~10万人的集团公司有29家，占全部样本的33.3%。超过10万人的集团公司有9家，占全部样本的10.3%；301~2000人的集团公司有12家，占全部样本的13.8%；不足300人的集团公司有4家，占全部样本的4.6%。

表3-6 样本子公司所在集团公司人数分布情况

人数	频数	占比
300人以下	4	4.6%
301~2000人	12	13.8%
2001~10000人	33	37.9%
10001~10万人	29	33.3%
10万人以上	9	10.3%
合计	87	100.0%

从集团公司的销售额来看（见表3-7），大多数受调查的子公司所在集团公司年销售额超过10亿元，占全部样本的79.3%，其中销售额为10亿~50亿元的有18家，占全部样本的20.7%；销售额为50亿~1000亿元的有29家，占全部样本的33.3%；销售额超过千亿元的集团公司有22家，占全部样本的25.3%。销售额为3亿~10亿元的集团公司有11家，占全部样本的12.6%；销售额不足3亿元的集团公司有7家，占全部样本的8.0%。

表3-7 样本子公司所在集团公司销售额分布情况

销售额	频数	占比
3亿元以下	7	8.0%
3亿~10亿元	11	12.6%
10亿~50亿元	18	20.7%
50亿~1000亿元	29	33.3%
1000亿元以上	22	25.3%
合计	87	100.0%

从子公司的发展阶段分布情况来看（见表3-8），绝大多数受调查的子公司处于快速发展和成熟稳定阶段，共计77家，占全部样本的88.5%，其中处于快速发展阶段的子公司有40家，处于成熟稳定阶段的子公司有37家。处于刚刚起步阶段的子公司有6家，占全部样本的6.9%。处于业务收缩阶段的子公司有4家，占全部样本的4.6%。

表3-8 样本子公司发展阶段分布情况

发展阶段	频数	占比
刚刚起步	6	6.9%
快速发展	40	46.0%
成熟稳定	37	42.5%
业务收缩	4	4.6%
合计	87	100.0%

从子公司所在集团公司的发展阶段分布情况来看（见表3-9），绝大多数受调查的子公司所在集团公司处于快速发展和成熟稳定阶段，共计82家，占全部样本的94.2%，其中处于快速发展阶段的集团公司有27家，处于成熟稳定阶段的集团公司有55家。处于刚刚起步阶段的集团公司有1家，占全部样本的1.1%。处于业务收缩阶段的集团公司有4家，占全部样本的4.6%。

表3-9 样本子公司所在母公司发展阶段分布情况

发展阶段	频数	占比
刚刚起步	1	1.1%
快速发展	27	31.0%
成熟稳定	55	63.2%
业务收缩	4	4.6%
合计	87	100.0%

3.3.2 假设检验与讨论

表3-10给出了本研究各变量的相关系数。

对于企业的外部环境从三个维度来考量：动态性、慷慨性和复杂性。利用回归模型检验时，第一步将控制变量放入模型M1；第二步放入自变量到模型M2-1，包括环境的三个维度和管控程度和方式；外部环境三个维度的调节作用通过分别放入其与子公司管控的交互项到模型M3-1、M3-2和M3-3，观察回归系数和R^2的变化情况。各个模型的回归结果见表3-11。

第3章 基于外部环境的企业集团管控

表3-10 变量相关系数

变量	行业	母公司规模	子公司规模	母公司阶段	子公司阶段	管控程度	正式管控	非正式管控	环境动态性	环境慷慨性	环境复杂性
行业	1	0.217*	0.088	-0.151	0.042	0.169	-0.038	0.183	-0.199	-0.010	-0.261*
母公司规模	0.217*	1	0.534**	0.167	-0.009	0.064	0.054	-0.086	0.021	0.118	-0.267*
子公司规模	0.088	0.534**	1	0.235*	0.153	-0.050	0.079	-0.033	0.018	0.082	-0.087
母公司阶段	-0.151	0.167	0.235*	1	0.126	-0.034	-0.080	-0.139	0.146	0.162	-0.026
子公司阶段	0.042	-0.009	0.153	0.126	1	0.036	0.033	0.055	0.121	0.172	0.092
管控程度	0.169	0.064	-0.050	-0.034	0.036	1	0.344**	0.239*	0.088	0.180	0.014
正式管控	-0.038	0.054	0.079	-0.080	0.033	0.344**	1	0.382**	0.035	0.136	-0.057
非正式管控	0.183	-0.086	-0.033	-0.139	0.055	0.239*	0.382**	1	0.100	0.094	-0.008
环境动态性	-0.199	0.021	0.018	0.146	0.121	0.088	0.035	0.100	1	0.390**	0.296**
环境慷慨性	-0.010	0.118	0.082	0.162	0.172	0.180	0.136	0.094	0.390**	1	0.361**
环境复杂性	-0.261*	-0.267*	-0.087	-0.026	0.092	0.014	-0.057	-0.008	0.296**	0.361**	1
公司绩效	-0.153	0.175	0.112	-0.034	-0.127	0.086	0.191	-0.049	-0.063	-0.074	-0.105

注：* 表示在 $p<0.05$ 水平时显著相关（2-tailed），** 表示在 $p<0.01$ 水平时显著相关（2-tailed）。

表3-11 外部环境的调节作用回归结果：主效应与调节效应

变量	M1	M2-1	M3-1	M3-2	M3-3
子公司所在行业	-0.212+	-0.156	-0.147	-0.163	-0.150
子公司性质	-0.058	-0.058	-0.069	-0.049	-0.103
子公司规模	0.079	0.047	0.025	-0.029	0.076
母公司规模	0.135	0.172	0.193	0.216+	0.174
母公司发展阶段	-0.039	-0.022	-0.029	-0.020	-0.003
子公司发展阶段	-0.141	-0.106	-0.095	-0.086	-0.107
环境动态性		0.106	0.118	0.102	0.116
环境慷慨性		-0.156	-0.167	-0.183	-0.164
环境复杂性		-0.071	-0.091	-0.102	-0.063
管控程度		0.088	0.111	0.116	0.094
正式管控		0.365**	-0.227**	0.408**	-0.187
非正式管控		-0.224+	0.371+	-0.246*	0.305
环境动态性×管控程度			-0.088		
环境动态性×正式管控			-0.023		
环境动态性×非正式管控			-0.059		
环境慷慨性×管控程度				0.001	
环境慷慨性×正式管控				-0.107	
环境慷慨性×非正式管控				0.210+	
环境复杂性×管控程度					-0.088
环境复杂性×正式管控					0.258*
环境复杂性×非正式管控					-0.121
F	1.428	2.063	1.64	1.916	2.058
Adjusted R^2	0.029	0.129	0.100	0.138	0.156
ΔR^2		0.154	0.007	0.037	0.052

注：$N=87$；因变量为公司绩效；+表示$p<0.1$，*表示$p<0.05$，**表示$p<0.01$。

1. 环境动态性的调节作用

环境动态性对母子公司管控调节作用的检验，是在模型M2-1（见表3-11）的基础上，进一步放入环境动态性分别与母子公司管控程度、正式管控及非正式管控的交互项,利用模型 M3-1 进行回归,观察回归系数是否显著和 R^2 的变化情况。从回归结果来看,环境动态性对母子公司管控各维度与公司绩效的关系均不存在调节作用。以下逐一对假设检验的情况进行分析和讨论。

(1) 研究假设 H1 认为,环境动态性会调节母子公司管控程度对公司绩效的影响。环境动态性较高时,母公司对子公司的管控程度越高,越不利于子公司提升绩效,反之,则有利于提升子公司绩效;环境动态性较低时,母公司对子公司施加较高的管控程度,有利于提升子公司绩效。从表 3-11 的 M3-1 列回归结果来看,环境动态性的调节作用不显著,即环境动态性不会影响母子公司管控程度与其绩效间的关系,假设 H1 没有获得支持。

(2) 研究假设 H2a 认为,环境动态性会调节母公司对子公司的正式管控方式与公司绩效之间的关系。环境动态性较高时,母公司对子公司越多采用正式管控,公司绩效越差;环境动态性较低时,母公司对子公司越多采用正式管控,公司绩效越好。从表 3-11 的 M3-1 列回归结果来看,环境动态性的调节作用不显著,即环境动态性不会影响母子公司正式管控与其绩效间的关系,假设 H2a 没有获得支持。

(3) 研究假设 H2b 认为,环境动态性会调节母公司对子公司的非正式管控方式与公司绩效之间的关系。环境动态性较高时,母公司对子公司越多采用非正式管控,公司绩效越好;环境动态性较低时,母公司对子公司越多采用非正式管控,公司绩效越差。从表 3-11 的 M3-1 列回归结果来看,环境动态性对母子公司非正式管控与其绩效间关系调节作用不显著,假设 H2b 没有获得支持。

(4) 结果讨论。对于假设 H1、H2a 和 H2b 均没有得到验证,本研究认为可能来自两方面的原因。首先,环境的动态变化体现为在较长的一段时间内企业外部的各类因素总是处于较快的变化中,变化已经成了常态,因此企业对于环境的动态性已经适应,动态性的影响就变得很小。其次,环境对企业绩效的影响可能滞后相当长的一段时间,但本研究采用横截面数据,可能较难准确测到其响应。

2. 环境慷慨性的调节作用

环境慷慨性对母子公司管控的调节作用的检验是在模型 M2-1 (见表 3-11) 的基础上,进一步放入环境慷慨性分别与母子公司管控程度、正式管控及非正式管控的交互项,利用模型 M3-2 进行回归,观察回归系数是否显著和 R^2 的变化情况。从回归结果来看,环境慷慨性对母子公司管控方式(非正式管控)与公司绩效的关系存在调节作用,但对母子公司管控程度与公司绩效的关系不存在调节作用。以下逐一对各假设进行分析和讨论。

(1) 研究假设 H3 认为,环境慷慨性会调节母子公司管控程度对公司绩效的影响。环境慷慨性较高时,母公司对子公司的管控程度越高,越不利于子公司提升绩效;环境慷慨性较低时,母公司对子公司施加较高的管控程度,有利于提升子公司绩效。从表 3-11 的 M3-2 列回归结果来看,环境慷慨性的调节作用不显著,即环境慷慨性不会影响母子公司管控程度与其绩效间的关系,假设 H3 没有获得支持。

(2) 研究假设 H4a 认为,环境慷慨性会调节母公司对子公司的正式管控方式与公司绩效之间的关系。环境慷慨性较高时,母公司对子公司越多采用正式管控,公司绩效越差;环境慷慨性较低时,母公司对子公司越多采用正式管控,公司绩效越好。从表 3-11 的 M3-2 列回归结果来看,环境慷慨性的调节作用不显著,即环境慷慨性不会影响母子公司正式管控与其绩效间的关系,假设 H4a 没有获得支持。

(3) 研究假设 H4b 认为，环境慷慨性会调节母公司对子公司的非正式管控方式与公司绩效之间的关系。环境慷慨性较高时，母公司对子公司越多采用非正式管控，公司绩效越好；环境慷慨性较低时，母公司对子公司越多采用非正式管控，公司绩效越差。从表 3-11 的 M3-2 列回归结果来看，环境慷慨性对母子公司非正式管控与其绩效间关系的调节作用在 0.1 的水平上显著，标准化回归系数为 0.210，假设 H4b 获得支持，其作用关系如图 3-1 所示（图中实线表示环境慷慨性较高时，非正式管控与公司绩效的关系；虚线表示环境慷慨性较低时，非正式管控与公司绩效的关系）。[1] 从图 3-1 中可看出，当环境慷慨性较低时调节效应显著，当环境慷慨性较高时调节效应不显著。

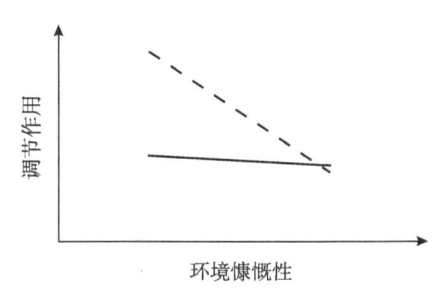

图 3-1　环境慷慨性对非正式管控与公司绩效的调节作用

数据来源：表 3-11。

(4) 结果讨论。环境慷慨性高意味着企业有非常好的发展空间，可以实现快速发展。在这种情况下，子公司自身也发生非常快的变化，正式管控机制往往比较机械，难以适应子公司的变化。当环境慷慨性较低时，外部发展机遇不好，母公司可以减少非正式管控，降低整体运营成本，从而改善企业绩效。但调节管控程度则不能很

---

[1] 此处与下文中调节效应图的绘制均系根据刘军（2008）的方法，不再一一注释。

好地实现对子公司的协调和控制,企业要实现较高程度的管控,可以通过更多、更频繁的非正式管控手段。因此,从回归结果来看,环境慷慨性对管控程度与企业绩效的调节效应不显著。此外,同环境动态性调节效应的检验结果讨论相似,环境作用的滞后需要纵向数据才能更好地进行检验,本研究利用横截面数据也可能导致结果不显著。

3. 环境复杂性的调节作用

环境复杂性对母子公司管控调节作用的检验是在模型 M2 - 1 (见表3 - 11)的基础上,进一步放入环境复杂性分别与母子公司管控程度、正式管控及非正式管控的交互项,利用模型 M3 - 3 进行回归,观察回归系数是否显著和 R^2 的变化情况。从回归结果来看,环境复杂性对母子公司管控方式(正式管控)与公司绩效的关系存在调节作用,但对母子公司管控程度与公司绩效的关系不存在调节作用。以下逐一对各假设进行分析和讨论。

(1)研究假设 H5 认为,环境复杂性会调节母公司对子公司的管控程度与公司绩效之间的关系。环境复杂性较高时,母公司对子公司的管控程度与公司绩效负相关;环境复杂性较低时,母公司对子公司的管控程度与公司绩效正相关。从表 3 - 11 的 M3 - 3 列回归结果来看,环境复杂性的调节作用不显著,即环境复杂性不会影响母子公司管控程度与公司绩效间的关系,假设 H5 没有获得支持。

(2)研究假设 H6a 认为,环境复杂性会调节母公司对子公司的正式管控方式与公司绩效之间的关系。环境复杂性较高时,母公司对子公司越多采用正式管控,公司绩效越差;环境复杂性较低时,母公司对子公司越多采用正式管控,公司绩效越好。从表 3 - 11 的 M3 - 3 列回归结果来看,环境复杂性对正式管控与企业绩效间关系的调节作用在 0.05 的水平上显著,标准化回归系数为 0.258,假设

H6a 获得反向支持，其作用关系如图 3-2 所示（图中实线代表环境复杂性较高时，正式管控与公司绩效的关系；虚线代表环境复杂性较低时，正式管控与公司绩效的关系）。

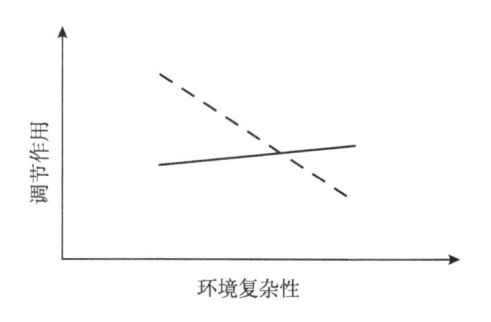

图 3-2　环境复杂性对正式管控与公司绩效的调节作用

数据来源：表 3-11。

（3）研究假设 H6b 认为，环境复杂性会调节母公司对子公司的非正式管控方式与公司绩效之间的关系。环境复杂性较高时，母公司对子公司越多采用非正式管控，公司绩效越好；环境复杂性较低时，母公司对子公司越多采用非正式管控，公司绩效越差。从表 3-11 的 M3-3 列回归结果来看，环境复杂性的调节作用不显著，即环境复杂性不会影响母子公司非正式管控与公司绩效间的关系，假设 H6b 没有获得支持。

（4）结果讨论。对于假设 H6a 得到反向支持，本研究认为环境复杂性意味着影响企业活动的外部因素众多且分布广泛，但并不是说这些环境因素会频繁地发生变化，企业可通过正式管控机制，要求子公司定期汇报环境情况，并据此干预子公司经营活动。环境复杂性对管控程度和企业绩效的调节作用不显著，可能是因为环境复杂性还体现在组织内部单位的集中或分散程度上。当子公司分布较为分散时，母公司增强管控程度，很可能会降低效率；但当子公司分布集中时，母公司加强管控可能不会对子公司产生不利影响，甚至可以通过资源共享提升绩效。

3.4 本章小结

本章对检验理论假设的研究方法进行阐述。首先是样本来源，本研究的数据获取通过两次问卷调查——预调研和正式调研。本研究的预调研共发放问卷 217 份，得到有效问卷 105 份。根据预调研数据情况修正了问卷部分内容及格式。正式调研发放问卷 297 份，最终得到有效问卷 87 份。

然后，论述了变量测量的方法。对于环境的三个维度，本研究结合 Dess 和 Beard 的观点及 Porter 的五力模型理论设计量度外部环境题项；对管控的测量参考 Lovett 等人（2009）的量表；对于因变量企业绩效，通过测度被调查者对子公司的市场份额、销售利润率和资产回报率的满意程度；数据调查中涉及企业行业、子公司性质、母公司和子公司规模、发展阶段等控制变量。上述问题均利用李克特五级量表设计题项。

最后阐述了检验研究假设的回归模型。共设计三个回归模型，通过逐步回归，检验自变量、调节变量的回归系数，并观察 F 值和 R^2 及其在放入交互项后的变化情况。

本章对数据处理的结果进行分析和讨论。首先对数据进行了描述性统计分析，列出了样本数据的最大值、最小值、均值和标准差，还对样本的分布情况结合数据处理结果进行了描述。然后对研究假设进行回归检验。本研究围绕环境的三个维度（动态性、慷慨性和复杂性）对管控程度和管控方式的影响共提出 6 个大的假设，其中对于管控方式的假设又分为 2 个对正式管控和非正式管控的子假设，总计 9 个假设。通过数据检验发现，外部环境对管控程度没有影响，只会影响管控方式，其中，环境慷慨性较低时，母公司对子公司越多采用非正式管控，公司绩效越差；环境复杂性较低时，母公司对子公司越多采用正式管控，公司绩效越好。

第4章 基于子公司特征的企业集团管控

近30年来,母子公司管控,特别是跨国公司子公司的管控问题引起了国内外国际管理和战略管理领域研究学者的广泛关注和极大兴趣,也取得了诸多的研究成果。在对集团公司管控问题研究的早期阶段,大多研究侧重于母子公司管控模式或管控机制的研究。如Goold 和 Campbell(1987)认为集团公司可通过对子公司规划及控制(狭义)过程上的影响来控制、管理其子公司,从规划影响及控制影响两个维度,他们提出八种不同的母子公司管控模式,其中战略规划、战略控制及财务控制三种模式的应用最为普遍。国内学者也根据我国集团公司发展的实际情况提出了不同的母子公司管控模式。陈志军(2006)基于子公司治理功能的发挥程度把中国母子公司管控模式分为三种类型:行政管理型模式、治理型模式、管理型模式。[1]

根据已有的研究成果可知,母子公司管控是母公司通过对管控模式或机制的选择设计并实施来影响集团下属子公司及其他成员实现战略的过程。企业集团的管控没有固定的模式,必须根据组织结

---

[1] 陈志军. 母子公司管理控制研究[M]. 北京:经济科学出版社,2006.

构与管理方式的变化而变化（朱新红，1999）。❶ 母公司对子公司的管控要更好地发挥作用，关键在于其与内外部各类影响因素的整合（Otley，1999）。母子公司管控应根据外部环境的不同情况设计不同的管控模式，调整管控程度和管控方式，从而更有利于提升子公司绩效（陈志军、谢明磊，2012）。❷ 从集团内部来看，需要考察两个层面的因素对母子公司管控的影响：集团层面和子公司层面。刘素（2012）研究了集团战略对管控的影响，发现集团采用相关多元化战略时，全面控制有利于提升绩效。❸ 从现有研究来看，少有研究子公司层面因素对母子公司管控的影响。因此，本章将探讨子公司特征对母子公司管控的影响。首先对已有研究进行回顾并提出研究假设，形成概念框架；其次阐述本研究的方法设计；再次对实证研究的结果进行分析和讨论；最后对研究进行总结和展望。

4.1 文献回顾与研究假设

从子公司层面来看，影响集团管控的因素有子公司战略、规模、生命周期、重要性、责任中心类型（陈志军，2007）、所在行业、企业绩效等。集团管控一般涉及两个维度：管控程度和管控方式。因此本研究将主要从子公司的规模、成熟度和战略等方面研究子公司特征对集团管控程度和方式的影响。

子公司规模较大一般意味着其经营实力较强，公司高管会主动

---

❶ 朱新红. 论企业集团财务控制的三种类型［J］. 安徽大学学报（哲学社会科学版），1999，23（3）：86-89.
❷ 陈志军，谢明磊. 外部环境、管控程度与子公司绩效［J］. 科学学与科学技术管理，2012，33（9）：91-97.
❸ 刘素. 集团战略与集团对成员公司管控模式的相关性研究［J］. 管理现代化，2012（2）：27-29.

减少对母公司的依赖。但是大型子公司一般在集团公司中占有重要地位,母公司会较多地关注其经营状况。从资源依赖理论的视角来看,子公司的规模越大,其资源就越重要,集团公司对其依赖就越重,母公司会加强对子公司的管控。对于小型的子公司,母公司对其不必过多关心,可采用自主管理型管控模式(陈志军,2007)。[1]但是,子公司规模越大,其经营管理事务越多,母公司对其采用的管控方式应该更倾向于正式的方式,更加强调结果管控。据此,本研究提出如下研究假设。

H7:子公司规模会影响集团管控。

H7a:子公司规模越大,母公司的管控程度越大。

H7b:子公司规模越大,母公司越倾向于采用正式管控方式。

从子公司的发展阶段来看,在创业初期,企业的管理规范化程度较低,更多地依靠高管的个人能力和人际关系来实现公司的正常运转,较少地依靠制度和流程。随着公司的发展,企业管理的各项规章制度逐步建立,业务操作也日趋熟练,公司高层开始逐渐下放经营管理的各项职权。因此,在子公司发展初期,母公司需要较多地干预和帮助子公司的各项管理工作,对其管控程度较强;随着子公司的业务成熟度不断提升,可以自主完成各项工作,母公司应减少干预,降低管控程度。从管控方式来看,子公司发展初期需要母公司不同程度和形式的帮助,存在较多的不确定性,因此采取非正式管控更有利于子公司的发展;当子公司发展成熟后,母公司则可以采取正式管控方式。集团管控的调整更多地应该参照子公司的成熟度,而不应简单地根据其发展年龄或阶段。综上,本研究提出如下研究假设。

---

[1] 陈志军. 母子公司管控模式选择 [J]. 经济管理, 2007, 29 (3): 34-40.

H8：子公司业务成熟度会影响集团管控。

H8a：子公司业务成熟度越高，母公司的管控程度越低。

H8b：子公司业务成熟度越高，母公司越倾向于采用正式管控方式。

子公司作为企业集团的业务单位会采用不同的业务战略。本研究按照波特的分类方法，探讨低成本和差异化战略与母子公司的匹配。当子公司采用低成本战略时，一般强调标准化生产，这时各子公司可共享的因素多，易于实现规模效应，降低成本，进而提升绩效。在实际工作中，资源共享需要多个部门协调，遇到分歧时难以靠各个子公司自主消除分歧，需要上级的干预，甚至强制。因此，当子公司采用低成本战略时，较高的管控程度和正式管控方式，会更有利于提升企业绩效。当子公司采用差异化战略时，需要子公司有更多的创新，对子公司的管控需要更多地考虑其差异性，因此降低管控程度和采用非正式管控方式更有效。据此，本研究提出如下研究假设。

H9：子公司业务战略差异化程度会影响集团管控。

H9a：子公司业务战略差异化程度越高，母公司的管控程度越低。

H9b：子公司业务战略差异化程度越高，母公司越倾向于采用非正式管控方式。

根据上述理论推演形成本研究的概念框架如图4-1所示。

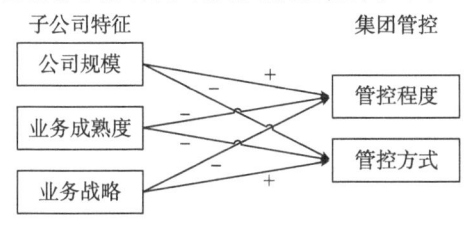

图4-1 本研究的概念框架

4.2 研究设计

本研究的数据来自于问卷调查。向海尔集团、九阳集团、许继集团、武钢集团、中国电信山东公司等企业的子公司高层管理者，以及山东大学 EMBA 班学员和深圳 MBA 班学员发放问卷 297 份，共收回问卷 226 份。在收到的问卷中剔除掉不在集团公司子公司层面工作的管理者，以及重要信息缺失及随机性较强的无效问卷，最终得到有效问卷 87 份，有效率为 29.3%。

在 87 个调查样本中，5 家来自第一产业（农林牧渔），占全部样本的 5.7%，52 家受调查子公司来自制造业，占全部样本的 59.8%，其余 30 家子公司来自服务业，占全部样本的 34.5%。从子公司的性质来看，绝大多数受调查的子公司属于全资或绝对控股子公司，共计 74.7%，其中全资子公司 37 家，绝对控股子公司 28 家。相对控股的子公司 13 家，占全部样本的 14.9%。其他性质的子公司约占全部样本的 10.3%。

本研究中涉及的自变量和因变量均采用李克特五级量表测量。其中，子公司规模通过子公司员工数量和销售额测度。子公司成熟度通过询问被调查者公司的发展状况测量。子公司战略通过询问被调查者公司业务和产品的集中程度和差异化程度来测量。

因变量集团管控包括管控程度和管控方式两个维度。从子公司人才招聘选拔、产品价格制定、成本开支、投资支出、年度目标、营销宣传、市场选择、新产品开发、产品设计修改、生产流程修改、员工公司和日常管理等多个方面测量集团管控程度。管控方式是通过询问被调查者集团公司是否制定了详细的制度流程来管理子公司，对执行情况的监督，子公司向集团公司汇报经营情况的周期，子公司高管、中层、普通员工和新员工参加集团召开的会议情况，以及集团领导是否经常视察子公司来测量。

4.3 实证结果分析

本研究采用线性回归方法检验自变量与因变量之间的关系。因变量包括两个维度，分别检验自变量与管控程度和管控方式的关系。实证检验结果见表4-1。

表4-1 实证检验结果

	因变量	管控程度	管控方式
控制变量	行业	0.139	0.284 +
	性质	-0.051	0.100
	绩效	0.145	-0.061
自变量	规模	0.004	-0.225 +
	成熟度	-0.020	-0.049
	战略差异化	-0.030 +	0.214 *
F		1.066	1.884
Adjusted R^2		0.133	0.165

注：$N=87$。+表示$p<0.1$，*表示$p<0.05$。

4.3.1 子公司规模对集团管控的影响

假设H7认为集团管控会受到子公司规模的影响。子公司规模会正向影响母公司的管控程度（H7a），同时会影响集团管控的正式化程度（H7b）。从表4-1的结果来看，假设H7a没有得到验证，即子公司规模不会影响集团管控。本研究认为，子公司的规模大并不一定意味着其在集团公司中的地位高。同样的公司规模在小的企业集团中属于主要经营单位，但在大型企业集团中则属于小的经营单位。假设 H7b 得到验证，即子公司规模会影响集团管控的正式化程度。结果显示，子公司规模越大，母公司干涉子公司业务就变得越困难，应更加重视结果控制，采用正式化管控方式更加有利。

4.3.2 子公司业务成熟度对集团管控的影响

假设 H8 认为集团管控受到子公司业务成熟度的影响。子公司业务成熟度会负向影响集团管控程度（H8a），正向影响集团管控的正式化程度（H8b）。从表 4-1 的实证检验结果来看，假设 H8a 和假设 H8b 均没有得到验证。本研究认为，考察子公司业务成熟度对集团管控的影响时，还应考虑子公司业务与集团业务的关联程度。如果子公司业务与集团业务关联较多，即使其处于成熟阶段，也会受到较多的母公司管控。而且由于业务往来较多，也增加了母公司对子公司进行各类非正式管控的机会。因此假设 H8a 和 H8b 均没有得到验证。

4.3.3 子公司业务战略对集团管控的影响

假设 H9 认为集团管控会受到子公司业务战略差异化的影响。战略差异化程度越高，越应降低管控程度（H9a），并采用非正式化的管控方式（H9b）。从表 4-1 的检验结果来看，假设 H9a 和 H9b 均得到验证。子公司产品或业务越是采用差异化的战略，子公司就需要更多的创新活动，母公司掌握子公司的业务进展情况就越困难，因此母公司应该降低对子公司业务的干预程度，并更多地采用非正式的方式对子公司进行管控。

4.4 结论

通过实证研究发现了子公司特征与集团管控之间的关系。子公司的规模会影响集团管控的方式,规模越大越应采取正式管控方式。子公司业务战略的差异化程度会影响集团管控的程度和方式,业务战略差异化越大,越应降低母公司对子公司管控的程度,并更多地采用非正式管控方式。这一研究结果在一定程度上丰富了企业集团管控理论,进一步拓展了集团管控模式选择时应考虑的因素。同时也为企业集团管控实践提供了决策参考。

本研究的局限主要体现在两个方面:一是本研究采用问卷调查获取数据,变量测量以人为判断为主,可能存在主观性的评估偏见。如果填答者不能正确感知企业的网络中心性和关系强度等问题,可能会弱化研究结论。二是本研究仅单纯地考虑了子公司层面的因素,没有考虑企业集团内部母子公司间各类因素的整合,因此在解释因果关系方面具有一定的局限性。未来的研究可进一步探讨母子公司间各类因素的整合对集团管控的影响,并可通过纵向研究,深入分析子公司特征变化对集团管控的影响。

4.5 本章小结

子公司特征是影响集团管控的重要因素,但已有研究缺乏对此问题的实证检验。本研究通过问卷调查数据检验了公司规模、业务成熟度和业务战略三个子公司特征因素对集团管控的影响。研究发现:子公司规模越大,母公司越应采取正式方式对其进行管控;子公司业务战略差异化程度越大,母公司越应降低对子公司管控的程度,并更多地采用非正式管控方式。子公司业务成熟度与集团管控之间的关系没有得到验证。

第 5 章　基于公司战略的企业集团管控

5.1　引言

5.1.1　多元化战略与集团管控

多元化经营能为企业降低经营风险，实现协同效应，[1] 从而提升企业的绩效。但是已有研究的发现却与此判断大相径庭。除了少数研究发现了多元化与企业绩效间的正向关系外，更多的研究结果证实多元化与企业绩效不存在因果关系（Grant，1988）或存在负向关系。例如 Amit 和 Livnat（1980）、[2] Lang 和 Stulz（1994）、[3] Berger 和 Ofek（1995，1996）[4][5] 的研究均发现多元化不仅不能提升公司的绩

---

[1] DATTA D K, RAJAGOPALAN N, RASHEED A M A. Diversification and Performance: Critical Review and Future Directions [J]. Journal of Management Studies, 1991 (28): 529–558.

[2] AMIT R, LIVNAT J. Diversification Strategies, Business Cycles, and Economic Performance [J]. Strategic Management Journal, 1980, 9 (2): 99–110.

[3] LANG L H P, STULZ R M. Tobin's Q, Corporate Diversification and Firm Performance [J]. Journal of Political Economy, 1994 (102): 1248–1280.

[4] BERGER P G, OFEK E. Diversification's Effect on Firm Value [J]. Journal of Financial Economics, 1995 (37): 39–65.

[5] BERGER P G, OFEK E. Bustup Takeovers of Value-Destroying Diversified Firms [J]. The Journal of Finance, 1996, 51 (4): 1175–1200.

效，而且会显著地给企业带来价值损失。Lang 和 Stulz（1994）对美国 1449 家公司在 1978—1990 年的数据进行了分析，通过比较行业调整的托宾 Q 值发现，多元化经营确实存在一个价值损失，多元化经营公司比单一经营公司的托宾 Q 值低 10%～50%。Berger 和 Ofek（1995）对多元化战略与公司绩效间的关系进行了全面的检验，其结论后来被广泛引用。他们使用 COMPUSTAT 研究数据库中的标准工业分类，对 1986—1991 年的大样本进行了研究，发现多元化程度越高，公司价值的损失越大，原因是多元化经营公司存在过度投资行为和跨行业经营子公司。Rumelt（1982）❶ 认为并不是所有的多元化都能提升企业绩效，相关多元化为企业提供了利用和转移核心要素以及技术和管理能力的机会，所以实施相关多元化战略的企业绩效会优于实施非相关多元化战略的企业。但此后的众多研究均没有证实这一命题（Michel，Shaked，1984；Luffman，Reed，1984；Grant，Jammine，1988）。Comment 和 Jarrell（1995）❷ 的研究则进一步证明了公司应该采取专业化战略而不是多元化。

上述结果均是在发达国家企业样本基础上研究得到的，因此有学者认为，发达国家外部市场成熟且效率高，企业很难在多个领域都取得成功，但是在外部市场条件不成熟或者效率较低的新兴市场经济国家中，企业采取多元化战略可以大大降低交易成本，同时企业掌握某些稀缺的资源，如现金、管理人才和信息，所以新兴市场国家的企业采取多元化战略可以促进更好的经济效益（Khanna，

---

❶ RUMELT R P. Diversity and Profitability [J]. Strategic Management Journal，1982（3）：359 – 369.
❷ COMMENT R，JARRELL G A. Corporate Focus and Stock Return [J]. Journal of Financial Economics，1995（37）：67 – 87.

Palepu，1997）。❶ 但是，自20世纪90年代中后期以来，我国的一些学者利用国内的经验数据研究多元化与企业绩效之间的关系，并没有发现二者之间的正向关联（朱江，1999；张卫国等，2002；马洪伟、蓝海林，2001；黄山等，2008；邹昊等，2007），甚至有的研究发现多元化会降低企业的绩效（姚俊等，2004；洪道麟、熊德华，2006；艾健明、柯大钢，2007）。朱江（1999）❷ 利用我国上市公司数据研究发现，企业多元化能够降低经营风险，减少利润水平的大幅波动；但从整体看，多元化程度和其经营业绩之间没有显著的因果关系。余鹏翼、李善民和张晓斌（2005）❸ 选择沪深证券交易所399家不同行业的上市公司作为样本，考察了多元化发展战略程度与企业价值之间的关系。他们的研究表明，多元化发展战略程度与短期绩效呈现显著的正向关系，多元化发展战略程度越高，绩效就越好，但是公司中期绩效显著性低于短期绩效显著性。邹昊、杨锡怀和才金正（2007）❹ 通过问卷调查的方式研究多元化战略与企业绩效的关系，发现不同的多元化战略类型会对企业绩效产生不同的影响，多元化企业不同业务间的关联程度越高，企业绩效越好。

从研究内容看，上述研究在考察多元化与企业绩效的关系时，主要着眼于多元化与企业绩效之间的直接关系，较少地关注外部或内部因素对两者关系的调节作用。因为不同学者对多元化与企业绩效间关系的研究结果各异，所以有学者尝试探讨其他因素对二者之

---

❶ KHANNA T, PALEPU K. Why Focused Strategies May Be Wrong for Emerging Markets [J]. Harvard Business Review, 1997, 75 (4): 41-51.
❷ 朱江. 我国上市公司的多元化战略和经营业绩 [J]. 经济研究, 1999 (11): 54-61.
❸ 余鹏翼, 李善民, 张晓斌. 上市公司股权结构、多元化经营与公司绩效问题研究 [J]. 管理科学, 2005, 18 (1): 79-83.
❹ 邹昊, 杨锡怀, 才金正. 多元化战略及其与企业绩效的关系 [J]. 经济管理, 2007, 29 (11): 12-16.

间关系的影响。张平（2006）[1]研究了高层管理团队异质性与企业多元化程度的匹配对企业绩效的影响，通过定性分析，作者认为公司多元化程度较高时，异质性的高管团队能带来更好的绩效；当公司多元化程度较低时，同质性的高管团队能带来更好的绩效。楼永（2004）[2]从能力理论的角度对多元化战略进行研究，通过数理推导得出：当企业经营活动与能力的匹配效率处于合理空间时，企业应采取多元化战略；在合理空间之外时，应采取专业化战略或寻求新业务。马洪伟和蓝海林（2001），牟洁、张卫国和冯军（2001）探讨了组织结构该如何与企业多元化战略匹配，从而提升企业绩效。马洪伟和蓝海林将企业的多元化战略分为三种类型：限制性相关多元化、非限制性相关多元化和不相关多元化。[3]采取限制性相关多元化战略的企业，应该采取集权为主、分权为辅，行为控制为主、结果/财务控制为辅的组织设计。非限制性相关多元化的企业应该采用集分权相结合、行为和结果/财务控制相结合的组织设计。不相关多元化的企业应该采取分权为主、集权为辅，结果/财务控制为主、行为控制为辅的组织设计。牟洁等人（2001）[4]认为相关多元化企业应采用合作型组织结构，非相关多元化企业应采用竞争型组织结构，而且合作型组织与竞争型组织是不兼容的。上述研究均尝试探讨其他因素对多元化与企业绩效间关系的影响，但这些研究都是在定性分析的基础上得出结论的，并没有利用经验数据进行检验。

---

[1] 张平. 多元化经营环境下高层管理团队异质性与企业绩效 [J]. 科学学与科学技术管理，2006（2）：114-118.

[2] 楼永. 能力的匹配与企业多元化战略的选择 [J]. 复旦学报（社会科学版），2004（6）：135-140.

[3] 马洪伟，蓝海林. 多元化战略、组织结构和绩效 [J]. 企业经济，2001（1）：15-17.

[4] 牟洁，张卫国，冯军. 多元化战略与组织结构的匹配关系研究 [J]. 重庆大学学报（社会科学版），2001，7（4）：19-21.

委托代理理论认为企业多元化经营是代理人追求自身利益的行为，通过多元化可以稳固代理人在企业中的地位，甚至可提升其报酬（Jensen，Murphy，1990）、能力和声望（Jensen，1986）。[1] 首先，多元化投资可以降低企业经营的风险（Amihud，Lev，1981），[2] 这将稳固代理人在企业的地位；其次，企业多元化经营进入的新业务领域大多是代理人具有特殊技能和经验的业务，这可以提升其在企业中的地位（Shleifer，Vishny，1990）。[3] 但是有的时候企业并不具有进行多元化经营的外部条件，或者多元化战略无法在企业内部得到很好的实施。因此，从委托代理理论的视角来看，多元化导致低劣的企业绩效，原因可能来自于多元化发展战略的实施条件和执行方式（杨林、陈传明，2005）。[4] Leontiades（1986）[5] 进一步认为，实施多元化发展战略的企业之间的绩效差异可归因于这些企业的管理系统（如报酬和控制系统）和领导才能。如果多元化企业对各业务单元进行了良好的管控和领导，企业的绩效表现会怎样呢？

从多元化与组织匹配的研究结论来看，多元化企业要采用合理的组织设计与战略匹配，需要考虑两个方面的问题：一是集权与分权的关系，二是行为控制与结果/财务控制的关系（蓝海林，

---

[1] JENSEN M C. Agency Costs of Free Cash Flow, Corporate Finance, and Takeover [J]. American Economic Review, 1986 (76): 323-329.

[2] AMIHUD Y, LEV B. Risk Reduction as a Managerial Motive for Conglomerate Mergers [J]. Bell Journal of Economics, 1981 (12): 605-617.

[3] SHLEIFER A, VISHNY R W. Management Entrenchment: The Case of Manager-specific Investments [J]. Journal of Financial Economics, 1990 (25): 123-139.

[4] 杨林，陈传明. 多元化发展战略与企业绩效关系研究综述 [J]. 外国经济与管理，2005, 27 (7): 34-43.

[5] LEONTIADES M. The Rewards of Diversifying Into Unrelated Businesses [J]. Journal of Business Strategy, 1986, 6 (4): 81-87.

2000）。❶ 前者可以认为是母公司对子公司的管控程度问题，后者是母公司对子公司的管控方式问题。因此，多元化战略的影响可进一步细化为研究母子公司管控程度、管控方式与多元化战略的匹配，如何影响企业绩效。

5.1.2 竞争战略与集团管控

竞争战略是在公司战略确定业务组合后，主要解决其中的每一项具体业务应当如何寻找在某一特定产业或市场中建立竞争优势（Hambrick，1983；罗珉，2001）。❷❸ 对于竞争战略的分类主要有五种不同的观点，见表5-1。

表5-1 现有研究对竞争战略的分类

文献	分类	描述
Porter（1980）	成本领先	产品标准化、规模经济、成本控制严格
	差异化	满足顾客的个性化需求，重视创新
	目标集中	专注于某一特定细分市场
Miles 和 Snow（1978）	防御型	致力于较窄的市场区域，不断提高运营效率
	探索型	不断寻找新的机会，进行产品和市场创新
	分析型	介于防御型和探索型之间
	反应型	缺乏战略与结构的一致性，被动地做出反应
Peteraf（1993）	资源异质性策略	利用优势要素获得竞争优势
	对竞争的事后限制策略	对竞争进行事后限制，维持垄断租金
	资源流动受限策略	资源流动困难，保证垄断租金留在企业内部
	对竞争的事前限制策略	对竞争事前限制，防止租金被成本抵销

---

❶ 蓝海林. 多样化集团公司的组织设计 [J]. 华南理工大学学报（社会科学版），2000，2（1）：76-80.

❷ HAMBRICK D C. Some Tests of the Effectiveness and Functional Attributes of Miles and Snow's Strategic Types [J]. Academy of Management Journal，1983，26（1）：5-26.

❸ 罗珉. 企业竞争战略理论的创新 [J]. 财经科学，2001（1）：42-44.

续表

文献	分类	描述
Maidique 和 Patch（1982）	市场先占	率先使用新技术、进入新市场、承担高风险
	快速跟随	吸取市场先占者的经验教训，以更成熟的产品、强势的营销手段进入市场
	成本最小化	严格的成本控制
	专门化	专注于某一细分市场
Peter 等（1994）	利基差异化	以特定产品或服务满足某特定细分市场
	宽广差异化	以宽广的产品线满足各细分市场，重视研发
	成本领先	严格成本控制，追求规模经济
	世界级竞争者	同时兼顾成本领先和宽广差异化

资料来源：在刘小玫、李垣、刘衡（2008）的基础上补充调整。

Porter（1980）根据获取竞争优势的类型和战略目标的范围不同，将组织可以采用的基本竞争战略分为三种：低成本战略、差异化战略和集中化战略，如图 5-1 所示。[1]

竞争优势的基础

竞争范围		低成本	差异化
	整体产业	低成本	差异化
	细分市场	低成本集中	差异化集中

图 5-1　Porter 竞争战略的分类

资料来源：任浩．现代企业组织设计［M］．北京：清华大学出版社，2005：362-368.

当企业面对拥有众多消费者的庞大市场时，可考虑采用低成本战略来构建竞争优势。低成本战略的企业主要是利用规模经济降低

[1] PORTER M E. Competive Strategy：Techniques for Analyzing Industries and Competitors［M］. New York：Free Press，1980.

平均固定成本，同时借助规模化生产提高工作效率，降低总成本，从而使产品的生产价格低于同行业其他企业。当决定行业竞争结构的五种力量都发生不利变化时，拥有低成本优势的企业依然可能获得高于行业平均水平的收益率。[1] 当业内竞争日趋激烈时，竞争对手为避免发生价格战，一般不愿与拥有低成本优势的企业正面竞争；当经销商或供应商的谈判地位提升、压低同行其他企业的收益率时，低成本战略企业依然能保持比竞争对手高的收益率；企业构建起的低成本优势在一定程度上抬高了行业进入门槛，新进入者会认为难以克服规模、效率和学习方面的障碍而不会冒险进入；低成本战略企业由于总是能提供性价比高的产品，从而有效降低了替代产品对自身的威胁。

低成本战略企业在市场上主要表现为相对较低的产品价格，但仅有低价产品还不足以获得低成本优势，还要保证企业产品的性能和质量为绝大多数顾客所接受，只提供低价产品但忽视性能和质量的企业难以获取低成本优势。此外，低成本战略企业也会面临一定的风险，如技术进步或顾客需求变化导致市场上出现了能更好地满足顾客需求的产品、竞争对手的模仿学习或改变竞争规则等。

差异化战略是指企业通过独特的产品构思、先进的制造工艺、与众不同的原料配方、别具一格的客户服务，达到差异化的效果，从而满足顾客的特殊需要，或者给顾客特别的价值体验。当企业面对的顾客有高水平的需求，并且企业拥有研发制造独特产品和迅速创新的能力时，可考虑寻求差异化优势。采用差异化战略意味着较高的成本开支，这可以通过要求顾客支付高价来补偿，但价格补偿不能超过价值的给予。采用差异化战略的企业可能面临一定的经营

---

[1] 蓝海林. 竞争战略：高差异与低成本的整合 [J]. 企业管理，2000（4）：30-32.

风险，如竞争对手可能在进一步细分的市场范围内实施差别化战略、全球化导致差异化的顾客需求趋同等。

集中化战略又称为聚焦战略，是指企业将经营的重点放在一个特定的小的细分市场上，为特定的消费者群体提供产品或服务。集中化战略与低成本战略、差异化战略不同。后两者面向全行业或者较大的市场范围，适用于大型企业；而集中化战略只是针对特定的细分市场，适用于中小型企业。采用集中化战略的企业本身实力有限，不具备整体的竞争优势，难以在更大的目标市场上取得突破，但可以通过专业化以高效率为特定顾客提供高水平服务，从而在某一方面超过业务范围较宽的竞争对手。❶ 因此寻求集中化优势的企业首先要明确目标市场，继而通过低成本或差异化的方式形成聚焦优势。

Miles 和 Snow（1978）❷ 认为企业为了协调特定的外部环境通常会设计稳定的战略行为模式，包括防御型、探索型、分析型和反应型。防御型战略是指组织致力于一个狭窄的产品—市场区域。企业高层管理者均为其专业领域的专家，并且他们也不倾向于到外部寻找新的机会。这种高度专业聚焦的结果就是，他们一般不需要对技术、结构和运营方法做出大的调整，反而可以不断地提高运营效率。探索型战略是指组织不断地寻找市场机会，持续地体验环境中出现的新趋势。因此这些企业常常成为其竞争对手变革和不确定性的创造者。然而，由于对产品和市场创新的强烈关注，这些企业通常缺乏效率。分析型战略指组织要面对两类产品—市场环境，一类相对稳定，另一类经常变化。在稳定的环境中，企业通过正式结构和组织流程，运营有序而高效。在动荡的环境中，高层管理者会密切关

---

❶ 罗珉. 企业竞争战略理论的创新 [J]. 财经科学, 2001 (1): 42-44.
❷ MILES R E, SNOW C C. Organizational Strategy, Structure and Process [M]. New York: McGraw-Hill, 1978.

注竞争对手,并迅速采用他们最有前景的创意。反应型战略的企业经常关注外部环境的变化但却无法有效地应对,因为他们的企业缺乏战略与结构的一致性,企业常常在环境压力下被动地做出反应。

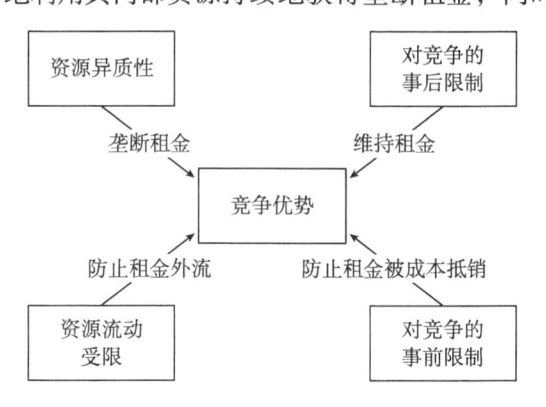

Peteraf (1993)[1] 从资源基础观的视角,通过流量分析和动态分析指出企业实现竞争优势需要同时满足四个条件(见图5-2):资源异质性、对竞争的事后限制、资源流动受限和对竞争的事前限制,以此可以区分四种类型的竞争战略。资源异质性是指优势要素的供给是有限的,它会导致无弹性的产品供给曲线,为企业带来垄断租金,因此具有优势要素的企业会获得竞争优势。对竞争的事后限制,可以帮助企业维持垄断租金,但需要具备两个关键要素:不完全模仿能力和不完全替代能力。[2] 这一竞争战略可以有效地限制竞争,避免企业租金被耗散。资源流动受限可以将垄断租金长期与企业绑定,企业可充分地利用其内部资源持续地获得垄断租金,同时实现租金

图5-2 竞争优势的基础

资料来源:Peteraf (1993)。

---

[1] PETERAF M A. The Cornerstones of Competitive Advantage: A Resource - based View [J]. Strategic Management Journal, 1993 (14): 179-191.
[2] 刘艳梅. 企业竞争战略管理理论三大主流学派的回顾与思考 [J]. 哈尔滨工业大学学报(社会科学版), 2002 (2): 39-43.

在企业内部的分配。对竞争的事前限制可以防止垄断租金被其他成本抵销，保证企业以较低的成本从市场上获得优势资源。

此外，Maidique 和 Patch（1982）❶将竞争战略分为市场先占、快速跟随、成本最小化和专门化。市场先占指率先使用新技术、率先进入新市场、承担高度风险；快速跟随指吸收市场先占者的经验教训，以更成熟的产品、强势营销手段进入市场；成本最小化指严格控制成本；专门化指专注于某一细分市场。❷

Peter 等人（1994）将竞争战略分为利基差异化、宽广差异化、成本领先和世界级竞争者。利基差异化指以特定产品或服务满足某特定细分市场；宽广差异化指以宽广的产品线满足众多的细分市场，重视研发；成本领先指企业进行严格成本控制，追求规模经济；世界级竞争者指同时兼顾成本领先和宽广差异化。❸

综上，有多位学者提出了竞争战略的分类，虽然有些分类结果相同或相似，但分类标准却差异较大。考虑到国内企业管理实践中大多以 Porter 的竞争战略理论为指导，因此本研究采用 Porter（1980）的分类标准。又因为集中化战略可以分为低成本集中和差异化集中，为了更好地区分竞争战略，本研究只从低成本和差异化两个方面探讨业务战略对母子公司管控的影响。

5.2 研究假设

根据5.1节的阐述，本研究从公司层战略和业务层战略（竞争

---

❶ MAIDIQUE M, PATCH P. Corporate Strategy and Technological Policy [C] // TUSHMAN M, MOORE W. Readings in the Management of Innovation. Marshfield: Pitman, 1982: 273 – 285.

❷❸ 刘小玫，李垣，刘衡. 企业战略类型与资源战略管理的匹配 [J]. 现代管理科学，2008（9）：13 – 16.

战略）两个层面探讨母子公司管控与企业战略的整合。

5.2.1 多元化战略

5.2.1.1 母公司多元化战略的影响

多元化战略是指企业同时在多个业务领域经营的战略。如前所述，从探讨企业多元化与绩效关系的研究结果来看，难以明确多元化与绩效的关系。很多研究均尝试探讨其他因素对多元化与企业绩效关系的影响，但这些研究都是在定性分析的基础上得出结论的，并没有利用经验数据进行检验。因此，本研究将探讨多元化战略对母子公司管控与企业绩效关系的调节作用。

1. 对管控程度与公司绩效关系的调节

多元化经营公司的最高管理层与各分部管理层之间更容易存在信息不对称问题，从而导致各分部经理基于自身利益想方设法从公司内分得更多的资源，而不考虑各自行业的发展前景，结果导致公司的资源配置无效率（Harris，1982）。❶ Mintzberg（1983）❷ 认为相关多元化公司中各分部间的相互依赖需要公司在各分部共同的职责功能上保持一定的控制权，以确保这种协调。Child（1984）❸ 也认为，一定程度的集权对子公司间的协调是很必要的。Gupta 和 Govindarajan（1986）❹ 进一步指出，子公司间相互依赖程度越高，集权决

---

❶ HARRIS M, KRIEBEL C H, RAVIV R. Asymmetric Information, Incentives and Intrafirm Resource Allocation [J]. Management Science, 1982 (28): 604–620.

❷ MINTZBERG H. Power In and Around Organizations [M]. Englewood Cliffs: Prentice-Hall, 1983.

❸ CHILD J. Organization: A Guide to Problems and Practice [M]. London: SAGE, 1984.

❹ GUPTA A K, GOVINDARAJAN V. Decentralization, Strategy, and Effectiveness of Strategic Business Units in Multibusiness Organizations [J]. Academy of Management Review, 1986, 4 (11): 844–856.

策能带来越高的绩效,因为某一子公司经理的决策会对其他子公司的绩效产生影响,这就需要对他们进行有效协调并统一解决问题。Hoskinsson等人(2005)[1]的研究发现,相关多元化企业适当集权,不相关多元化企业适当分权,均有利于企业绩效的提升。Gordon和Miller(1976)[2]的研究认为,随着企业内部经营一体化程度的增加,企业在计划和预算过程中会更加注重各单位与企业总体的协调,增加各下属单位之间信息的共享程度,这将降低子公司的自主权。Anthony和Govindarajan(1998)[3]指出当企业从事专业化经营时,企业的经营单位(子公司或事业部等)对预算的控制权比较小,总部对企业内部产品的转移价格控制较高,对经营单位的采购管控较多,在绩效评价和激励方面除了财务标准还要考虑非财务标准和主观评价;而随着企业多元化程度的提高(由相关多元化到无关多元化),企业的经营单位(子公司或事业部等)对预算的控制权变大,总部对企业内部产品的转移价格控制变低,对经营单位的采购管控减少,在绩效评价和激励方面主要考虑财务标准,不再涉及非财务标准和主观评价。因此,当公司采取不相关多元化战略时,其多元化程度较高,母公司应降低对子公司的管控;而企业采取相关多元化战略时,其多元化程度相对较低,母公司应适度提升对子公司的管控。综上,提出研究假设H10。

H10:母公司多元化程度会调节母公司对子公司的管控程度与公

---

[1] HOSKISSON R E, JOHNSON R A, TIHANYI L, et al. Diversified Business Groups and Corporate Refocusing in Emerging Economies [J]. Journal of Management, 2005, 31 (6): 941-965.

[2] GORDON L A, MILLER D. A Contingency Framework for the Design of Accounting Information Systems [J]. Accounting, Organization and Society, 1976, 1 (1): 59-69.

[3] ANTHONY R N, GOVINDARAJAN V. Management Control System [M]. 9 ed. New York: McGraw-Hill/Irwin, 1998.

司绩效之间的关系。母公司多元化程度较高时，母公司对子公司的管控程度与公司绩效负相关；母公司多元化程度较低时，母公司对子公司的管控程度与公司绩效正相关。

2. 对管控方式与公司绩效关系的调节

专业化经营的企业集团，由于各子公司业务基本相同，母公司易于集中经营和统一管理；当企业集团的多元化程度较高时，集团内各子公司在生产工艺和业务经营上存在的差别很大，母公司可能无法深入了解子公司的业务经营情况（陈志军和王宁，2009）。❶ Gordon 和 Miller（1976）❷ 指出企业整体的管理控制应该考虑各内部单位的差别化程度，随着差别化程度的提高，总部会要求各内部单位的会计信息系统更加具有针对性，以利于高层管理者对内部单位进行评估时能很好地比较各单位的业绩。从事多元化经营的企业，下属各子公司之间差别化程度较高，财务重点中可比较的部分相对较少，提高各子公司会计信息系统的针对性就意味着减少各子公司财务报告的考核内容。这意味着多元化经营的企业集团倾向于较少对子公司的正式管控。Ghoshal 和 Nohria（1989）❸ 认为当子公司与总部呈现高度的业务相关性时，子公司就会对总部产生依赖性，这时总部需要对子公司强化文化控制手段。Martinez 和 Jarillo（1991）❹ 进一步指出，业务高度相关的母子公司管理需要母公司同时使用正式和非正式的协调机制，但要更注重非正式机制的使用，如总部和

---

❶ 陈志军，王宁. 母子公司文化控制影响因素研究［J］. 财经问题研究，2009（1）：99-105.

❷ GORDON L A, MILLER D. A Contingency Framework for the Design of Accounting Information Systems［J］. Accounting, Organization and Society, 1976, 1（1）：59-69.

❸ GHOSHAL S, NOHRIA N. Internal Differentiation within Multinational Corporations［J］. Strategic Management Journal, 1989（10）：323-337.

❹ MARTINEZ J I, JARILLO J C. Coordination Demands of International Strategies［J］. Journal of International Business Studies, 1991（22）：429-444.

子公司之间的非正式沟通。Gupta 和 Govindarajan（1991）[1]认为高业务相关性的母子公司应该加强沟通，这样才能提高公司绩效。陈志军和王宁（2009）认为当集团多元化程度较高时，应适度保持子公司自主性，从而提高其积极性。但为了防止子公司的"内部人控制"问题，母公司可通过加强文化控制，使子公司能自觉维护集团利益。随着企业多元化程度的提高，对下属单位管控的非正式方式逐渐增多，正式手段逐渐减少。综上可见，当集团多元化程度较低时，母公司容易采用正式手段进行管控；当集团多元化程度较高时，对子公司管控的正式手段难以施行，宜多采用非正式方式进行管控。因此，提出研究假设 H11a 和 H11b。

H11a：母公司多元化程度会调节母公司对子公司的正式管控方式与公司绩效之间的关系。母公司多元化程度较高时，母公司对子公司越多采用正式管控，公司绩效越差；母公司多元化程度较低时，母公司对子公司越多采用正式管控，公司绩效越好。

H11b：母公司多元化程度会调节母公司对子公司的非正式管控方式与公司绩效之间的关系。母公司多元化程度较高时，母公司对子公司越多采用非正式管控，公司绩效越好；母公司多元化程度较低时，母公司对子公司越多采用非正式管控，公司绩效越差。

5.2.1.2 子公司多元化战略的影响

有些企业集团，尤其是一些大型国有企业，为了实现企业的快速发展壮大，会允许下属的子公司进行多元化发展。例如，有些子公司由于具有某些特有资源，有利于向前景好的新兴行业转移。这时集团公司会允许子公司实行多元化经营，在原基础上向新兴产业

---

[1] GUPTA A K, GOVINDARAJAN V. Knowledge Flows and the Structure of Control within Multinational Corporations [J]. Academy of Management Review, 1991 (16): 768-792.

扩展，既可减轻原市场的竞争压力，又可逐步从增长较慢、收益率较低的行业向收益率较高的行业转移。有些子公司所在行业和其他行业有互相促进的作用，通过多元化经营，扩展服务项目，往往可以达到促进原业务发展的作用，这时，集团公司也会允许子公司进行多元化发展。当子公司实行多元化经营时，集团公司更加难以对其实行集中经营和统一管理，因此结合前文所述，提出研究假设 H12。

H12：子公司多元化程度会调节母公司对子公司的管控程度与公司绩效之间的关系。子公司多元化程度较高时，母公司对子公司的管控程度与公司绩效负相关；子公司多元化程度较低时，母公司对子公司的管控程度与公司绩效正相关。

当公司进行多元化时，可能会产生一些负面的影响。邵军和刘志远（2006）❶ 研究发现上市公司的管理层进行多元化并不是单纯为了获得固定的现金收入，且多元化程度与在职消费正相关，这表明多元化决策是管理者希望从多元化中获取更多的剩余收益和隐性的私人利益。当子公司采用多元化战略时，意味着子公司必须应对更加复杂的外部环境，这时应增加管控的弹性，通过非正式机制，利用变动薪酬与员工共担风险和利益。❷ 当子公司多元化发展时，正式管控手段可能难以产生预期的效果，因为经理人可能不会单纯追求企业通过正常渠道给予的收益，还会追求隐性的私人收益。这时通过一些非正式管控手段（如文化控制），可能效果更好。因此，提出研究假设 H13a 和 H13b。

---

❶ 邵军, 刘志远. 多元化战略对管理层激励的影响：来自中国资本市场的经验证据 [J]. 当代经济科学, 2006, 2 (28)：1-11.

❷ GOMEZ-MEJIA L R, BALKIN D B, CARDY R. Managing Human Resource [M]. Upper Saddle River：Prentice-Hall Inc, 1995.

H13a：子公司多元化程度会调节母公司对子公司的正式管控方式与公司绩效之间的关系。子公司多元化程度较高时，母公司对子公司越多采用正式管控，公司绩效越差；子公司多元化程度较低时，母公司对子公司越多采用正式管控，公司绩效越好。

H13b：子公司多元化程度会调节母公司对子公司的非正式管控方式与公司绩效之间的关系。子公司多元化程度较高时，母公司对子公司越多采用非正式管控，公司绩效越好；子公司多元化程度较低时，母公司对子公司越多采用非正式管控，公司绩效越差。

5.2.2 竞争战略

在低成本、差异化和集中化三种基本战略中，采取任何一种都可以给企业带来竞争优势（Porter，1980），但 Porter 并没有明确哪一种战略最优，因此很多学者开始对 Porter 的竞争战略类型与企业绩效的关系进行实证分析，探究这三种竞争战略类型是否存在，以及是否存在最优战略。[1]

Dess 和 Davis（1984）[2] 设计了一份测量竞争战略的量表，对所获得数据进行因素分析和聚类分析，发现企业确实存在 Porter（1980）提出的三种竞争战略类型，并发现采用集中化战略的企业绩效最好，其次是低成本战略，最后是差异化战略。Kumar 等人（1997）[3] 的研究也得到了类似的结果，他们发现实施集中成本领先战略的企业绩

---

[1] 刘睿智，胥朝阳. 竞争战略、企业绩效与持续竞争优势：来自中国上市公司的经验证据 [J]. 科研管理，2008（6）：36-43.

[2] DESS G G, DAVIS P S. Generic Strategies as Determinants of Strategic Group Membership and Organizational Performance [J]. Academy of Management Review, 1984, 27 (3): 467-488.

[3] KUMAR K, SUBRAMANIAN R, YAUGER C. Pure Versus Hybrid: Performance Implications of Porter's Generic Strategies [J]. Health Care Management Review, 1997, 22 (4): 47-60.

效表现最好，其次是集中差异化战略，而混合低成本与差异化战略的企业绩效表现最差。但 Parker 和 Helms（1992）❶利用 Dess 和 Davis（1984）的方法研究英美两国的纺织企业时，却得到了不同的结果，他们发现采用低成本战略的企业绩效高于采用差异化或集中化战略的企业绩效。我国学者蔺雷和吴贵生（2007）❷研究制造企业的差异化服务对经营绩效的影响，发现差异化能有效增强制造企业的竞争力。韵江（2003）、曾凡琴和霍国庆（2006）则认为企业采取混合战略更有利于获得竞争优势。曾凡琴和霍国庆（2006）❸认为企业只有将差异化和低成本两种战略进行良好整合，才能获得竞争优势。韵江（2003）❹则进一步提出了低成本和差异化战略融合的分析模型。

综上可知，企业管理实践中确实存在 Porter（1980）提出的三种战略类型，但对于哪种竞争战略能为企业带来更高绩效，却没有定论。本研究认为，竞争战略能够带来高绩效的关键在于其他管理变量的匹配情况。下文将从理论分析角度探讨子公司采取不同竞争战略时，母公司如何对其进行管控更有利于绩效的提升。

5.2.2.1 成本领先战略的影响

成本领先战略的主导思想是通过在内部加强成本控制，把企业的运营成本降到最低，从而在行业中获得低成本优势，企业据此在

---

❶ PARKER B, HELMS M M. Generic Strategies and Firm Performance in a Declining Industry [J]. Management International Review, 1992, 32 (1): 23 – 39.
❷ 蔺雷, 吴贵生. 我国制造企业服务增强差异化机制的实证研究 [J]. 管理世界, 2007 (6): 103 – 113.
❸ 曾凡琴, 霍国庆. "夹在中间" 悖论 [J]. 南开管理评论, 2006 (3): 67 – 72.
❹ 韵江. 竞争战略新突破：来自低成本与差异化的融合 [J]. 中国工业经济, 2003 (2): 90 – 96.

激烈的市场竞争中获得有利的竞争地位。王铁男（2000）[1]通过对沃尔·马特与邯钢比较案例的分析，认为不同国别、产业的企业都可以利用低成本战略获取竞争优势。但这并不意味着任何企业都能成功施行低成本战略。

企业在实施低成本战略时，要考虑行业的产品是否已标准化，大多数购买者是否以同样的方式使用产品，以及企业是否具备实施低成本战略的资源和能力。如果外部环境和内部条件不具备这些因素，低成本就难以有效实施。Gupta 和 Govindarajan（1986）[2]认为当子公司采用低成本战略时，要更多采用大生产、常规化技术。而对于采用常规化大生产技术的子公司，集权化程度越高则绩效越高。Daniel 和 Reitsperger（1991）[3]认为采用成本领先战略的企业在进行企业战略规划时通常很少和下级讨论，财务目标的制订也由上级确定下达给下级，公司高层密切关注产品或流程相关项目，很多项目要进行跨部门资源共享。Eisenhardt（1985）[4]也认为随着任务可程序化程度的提高，行为控制的可能性增大。White（1986）[5]认为采用低成本战略的子公司拥有较小的自主权和较高的报告频率时，有利于提升经营业绩，可见对低成本战略的子公司提高管控程度有利

---

[1] 王铁男. 竞争优势：低成本领先战略的理性思考：沃尔·马特与邯钢保持竞争优势的比较分析［J］. 管理世界, 2000（2）: 189 – 196.

[2] GUPTA A K, GOVINDARAJAN V. Decentralization, Strategy, and Effectiveness of Strategic Business Units in Multibusiness Organizations［J］. Academy of Management Review, 1986, 4（11）: 844 – 856.

[3] DANIEL S J, REITSPERGER W. Linking Quality Strategy with Management Control System: Empirical Evidence from Japanese Industry［J］. Accounting, Organization and Society, 1991, 16（7）: 601 – 618.

[4] EISENHARDT K M. Control: Organizational and Economic Approaches［J］. Management Science, 1985, 31（2）: 134 – 149.

[5] WHITE R E. Generic Business Strategies, Organization Context and Performance: An Empirical Investigation［J］. Strategic Management Journal, 1986, 7（3）: 217 – 231.

于提升业绩。他还指出与其他业务单元分享职能责任，也有利于低成本子公司提升业绩，可见，影响企业成本的驱动因素除了规模经济、学习、生产能力和利用模式等，还包括子公司之间的资源共享。通过资源共享可以降低成本，如通过整合可以使企业回避拥有较强讨价还价能力的供应商或买方，通过整合可以提高联合作业的经济性等（王铁男，2000）。❶ 当子公司之间进行资源共享时，很多的决策超出了子公司经理的权限，需要更多集团管理层的参与，集团公司对子公司的管控程度就要增加。对于采用差异化的业务单元，分权化程度增加时，业绩会更好些（Govindarajan，1988）。❷ 综上，提出研究假设 H14。

H14：子公司低成本战略会调节母公司对子公司的管控程度与公司绩效之间的关系。子公司采用低成本战略程度较高时，母公司对子公司的管控程度与公司绩效正相关；子公司采用低成本战略程度较低时，母公司对子公司的管控程度与公司绩效负相关。

除了必需的资源和能力外，子公司采用低成本战略时还需要对成本进行严格的控制，确立合理的组织结构和完善的管控方式。如果企业在不具备条件时勉强追求低成本优势，通过降低产品质量来降低运营成本，会影响顾客满意度，反而会导致企业顾客流失。低成本战略意味着企业要采用标准化的管理，Daniel 和 Reitsperger（1991）指出采用成本领先战略的企业要更加严格地按照年度预算来运营。预算要求满足财务目标，由财务部门综合平衡、高层批准后

---

❶ 王铁男. 竞争优势：低成本领先战略的理性思考：沃尔·马特与邯钢保持竞争优势的比较分析［J］. 管理世界，2000（2）：189–196.
❷ GOVINDARAJAN V. A Contingency Approach to Strategy Implementation at the Business-unit Level: Integrating Administrative Mechanisms with Strategy［J］. The Academy of Management Journal, 1988, 31（4）：828–853.

下发，年度内一般不进行修改；对下属单位或经理人员的考核的大部分来自预算实现程度，剩余部分关注个人目标完成情况。❶ 在这种情况下，母公司可以很好地通过财务指标考核子公司，为采用正式方式进行管控提供了条件。Govindarajan（1988）❷ 认为对于采用低成本战略的业务单元，如果业绩评价时强调预算目标，则业绩会更好些。预算目标常常是可测量财务指标，增加正式控制方式有利于提升业绩。因此，当子公司采用低成本战略时，母公司要更多地对其采用正式控制方式，通过详尽的控制报告和完善的激励管理机制，确保其成本控制在有较高竞争力的水平上。综上，提出研究假设 H15a 和 H15b。

H15a：子公司低成本战略会调节母公司对子公司的正式管控方式与公司绩效之间的关系。子公司采用低成本战略程度较高时，母公司对子公司越多采用正式管控，公司绩效越好；子公司采用低成本战略程度较低时，母公司对子公司越多采用正式管控，公司绩效越差。

H15b：子公司低成本战略会调节母公司对子公司的非正式管控方式与公司绩效之间的关系。子公司采用低成本战略程度较高时，母公司对子公司越多采用非正式管控，公司绩效越差；子公司采用低成本战略程度较低时，母公司对子公司越多采用非正式管控，公司绩效越好。

5.2.2.2 差异化战略的影响

差异化战略是依靠产品和服务的特色，满足顾客的特殊需求，使组织在行业中别具一格，形成竞争优势，并利用顾客为差异化所

---

❶ DANIEL S J, REITSPERGER W. Linking Quality Strategy with Management Control System: Empirical Evidence from Japanese Industry [J]. Accounting, Organization and Society, 1991, 16 (7): 601-618.

❷ GOVINDARAJAN V. A Contingency Approach to Strategy Implementation at the Business-unit Level: Integrating Administrative Mechanisms with Strategy [J]. The Academy of Management Journal, 1988, 31 (4): 828-853.

支付的较高价格，来补偿因追求差异化而增加的成本。差异化的核心是具有某种顾客认可的产品和服务的特色，而且这种特色很难被竞争对手模仿，快速被模仿意味着组织实际上没有获得真正的差异化。为了维持企业产品和服务的独特性，组织必须将持久的差异化同自身的独特能力紧密相连。对于采用差异化战略的公司，允许其自主承担各项职能责任，将会带来更好的业绩（White，1986）。❶ Gupta 和 Govindarajan（1986）❷ 认为相对于低成本战略，差异化战略提供了更多具有独特特征的产品，子公司信息处理的需求比较多。而且差异化战略使子公司内的技术更类似于车间作业技术，多业务，小产量。采用差异化战略的子公司，分权程度越高，其绩效越高。Olson、Slater 和 Hult（2005）❸ 认为，当组织采用差异化战略时，可采用顾客中心创新型组织，这意味着子公司具有较高的专业化，同时正式化和集权程度较低。Govindarajan（1988）❹ 进一步指出，对于采用差异化战略的业务单元，分权化程度增加时，业绩会更好些。据此，提出研究假设 H16。

H16：子公司差异化战略会调节母公司对子公司的管控程度与公司绩效之间的关系。子公司采用差异化战略程度较高时，母公司对子公司的管控程度与公司绩效负相关；子公司采用差异化战略程度

---

❶ WHITE R E. Generic Business Strategies, Organization Context and Performance: An Empirical Investigation [J]. Strategic Management Journal, 1986, 7 (3): 217-231.

❷ GUPTA A K, GOVINDARAJAN V. Decentralization, Strategy, and Effectiveness of Strategic Business Units in Multibusiness Organizations [J]. Academy of Management Review, 1986, 4 (11): 844-856.

❸ OLSON E M, SLATER S F, HULT G T. The Importance of Structure and Process to Strategy Implementation [J]. Business Horizons, 2005, 48 (1): 47-54.

❹ GOVINDARAJAN V. A Contingency Approach to Strategy Implementation at the Business-unit Level: Integrating Administrative Mechanisms with Strategy [J]. The Academy of Management Journal, 1988, 31 (4): 828-853.

较低时，母公司对子公司的管控程度与公司绩效正相关。

差异化战略的子公司产品更新速度较快，创新性强，母公司应对子公司放权，以提高创新速度。如前所述，Olson 等人（2005）指出，应减少对差异化战略子公司的正式管控。郑兵云、陈圻和李邃（2011）[1] 也认为差异化战略要求有机式的组织结构，各部门之间密切协作；重视主观评价和激励，而不是定量指标；差异化战略鼓励创新、发挥个性及承担风险，因此在企业文化建设上，要培育轻松愉快的气氛，以吸引高技能工人、科学家和创造性人才。对采用差异化战略的子公司授权可能会导致子公司出现内部人控制的现象，与其他控制手段相比，文化控制有利于降低代理风险，更有利于子公司效能的提高（陈志军、董青，2011）[2]。对于采用差异化战略的业务单元，若业绩评价时较少考虑预算目标，则业绩会更好些（Govindarajan，1988）[3]。因此，提出研究假设 H17a 和 H17b。

H17a：子公司差异化战略会调节母公司对子公司的正式管控方式与公司绩效之间的关系。子公司采用差异化战略程度较高时，母公司对子公司越多采用正式管控，公司绩效越差；子公司采用差异化战略程度较低时，母公司对子公司越多采用正式管控，公司绩效越好。

H17b：子公司差异化战略会调节母公司对子公司的非正式管控方式与公司绩效之间的关系。子公司采用差异化战略程度较高时，

---

[1] 郑兵云，陈圻，李邃. 差异化战略对企业绩效的影响研究：基于创新的中介视角 [J]. 科学学研究，2011，9（29）：1406–1414.

[2] 陈志军，董青. 母子公司文化控制与子公司效能研究 [J]. 南开管理评论，2011，1（14）：75–82.

[3] GOVINDARAJAN V. A Contingency Approach to Strategy Implementation at the Business-unit Level: Integrating Administrative Mechanisms with Strategy [J]. The Academy of Management Journal，1988，31（4）：828–853.

母公司对子公司越多采用非正式管控，公司绩效越好；子公司采用差异化战略程度较低时，母公司对子公司越多采用非正式管控，公司绩效越差。

5.3 研究设计

5.3.1 样本来源

本研究的数据获取通过两次问卷调查——预调研和正式调研。在大量发放调查问卷之前，市场预调研是一项必不可少的工作。本研究的预调研数据获取通过向山东大学 MBA 班学员集中发放问卷并当堂回收，发放对象为在集团公司子公司工作的管理者，共发放问卷 217 份，回收 189 份，剔除无效问卷 84 份，得到有效问卷 105 份，有效问卷回收率为 55.6%。根据预调研数据情况修正了问卷部分内容及格式。

正式调研于 2011 年 3—10 月展开，通过向海尔集团、九阳集团、许继集团、武钢集团、中国电信山东公司等企业的子公司高层管理者，以及山东大学 EMBA 班学员和深圳 MBA 班学员中在集团公司子公司层面工作的管理者发放问卷 297 份，共收回问卷 110 份，回收率为 37.0%。对问卷中重要信息缺失及随机性较强的无效问卷进行选择剔除，最终得到有效问卷 87 份，有效率为 29.3%。有些问卷中，个别题项漏填的，采用 SPSS 中的 Mean 函数进行缺失值处理。

5.3.2 变量测量

5.3.2.1 企业战略

1. 公司战略

公司战略可分为集中战略、一体化战略和多元化战略三种类型。

如果公司采取集中战略或一体化战略可近似认为公司的多元化程度非常低，因此，本研究通过多元化程度来测量公司战略。多元化战略研究中有关多元化战略测量的方法主要包括两种：一种是基于"标准行业分类（Standard Industrial Classification，SIC）"编码的连续测量方法，另一种是定性地进行战略归类的分类方法。连续测量方法主要以 SIC 编码为企业划分业务所属行业的依据，再定义企业多元化程度的指标及其公式，从而以数量化的形式反映企业多元化程度。定性的战略分类方法使用了专业化比率和相关度比率来进行多元化战略分类，其中专业化比率代表衡量一个公司多元化的程度，其值越大表示多元化程度越低。除了运用基于二手数据的测量方法外，学者们还借助调查的方式通过管理者的判断来测量多元化程度。这种方法常常通过管理者自我归类或者自我打分的方式来测量多元化战略的类型、多元化程度或者相关性程度。[1] 本研究采用被调查者自我打分的方式测量公司的多元化程度。因为有的集团公司也允许下属子公司进行多元化发展，所以也考察子公司的多元化情况。在题目设计上通过要求被调查者回答公司经营涉及的行业多少来测量企业的多元化程度。

2. 业务战略

按照 Porter（1980）[2] 对竞争战略的基本分类，将业务战略分为低成本战略、差异化战略和集中化战略。

（1）低成本战略通过询问被调查者对"子公司总能提供比竞争对手成本低的产品"的同意程度来测量，选项为李克特五级量表，

---

[1] 孙俊华，刘海建. 多元化战略测量方法论及其在中国情境下的应用研究 [J]. 科学学与科学技术管理，2008，29（1）：33-41.

[2] PORTER M E. Competive Strategy: Techniques for Analyzing Industries and Competitors [M]. New York: Free Press, 1980.

选项 1 表示非常不同意,选项 5 表示非常同意。

(2) 差异化战略通过询问被调查者子公司是否生产其他公司不能生产的产品,或产品与其他公司具有很大差异来测量。题项均设计为李克特五级量表,被调查者根据其实际情况填写对各题项的同意程度,选项 1 表示非常不同意,选项 5 表示非常同意。题项包括:子公司总能提供比竞争对手成本低的产品和子公司总能提供竞争对手不能生产的产品。根据正式调查数据分析,本构念 Cronbach's α 为 0.811。

5.3.2.2　子公司管控

如前所述,子公司管控分为管控程度和管控方式。管控程度的测量参考 Lovett 等人(2009)的量表并适当扩展,设计李克特五级量表;本构念 Cronbach's α 为 0.881。管控方式分为正式管控和非正式管控两种。正式管控包括集团公司对子公司的制度流程、执行情况的监督等;本构念 Cronbach's α 为 0.817。非正式管控包括子公司高管、中层、普通员工和新员工参加集团召开的会议情况,以及集团领导是否经常视察子公司等指标;本构念 Cronbach's α 为 0.683。两个维度具体题项设计均与 3.2.3 小节内容描述一致,在此不做赘述。

5.3.2.3　因变量

公司绩效包括子公司的市场份额、销售利润率和资产回报率的满意程度,参考 Richards 和 Hu(2003)的方法,利用李克特五级量表测度,具体题项设计均与 3.2.4 小节内容描述一致,在此不做赘述。本构念 Cronbach's α 为 0.719。

5.3.2.4　控制变量

控制变量设定为子公司规模、集团公司规模、子公司发展阶段、集团公司发展阶段。各变量测量均与 3.2.5 小节内容描述一致,在此不做赘述。

5.4 实证检验与讨论

5.4.1 描述性统计分析

5.4.1.1 样本最大最小值、均值及标准差
本研究中各变量的最大值、最小值、均值及标准差见表3-1。

5.4.1.2 样本分布情况
本研究样本特征包括行业（见表3-2）、子公司性质（见表3-3）、子公司规模（见表3-4和表3-5）、集团公司规模（见表3-6和表3-7）、子公司发展阶段（见表3-8）以及母公司发展阶段（见表3-9），均与3.3.1.2小节内容描述一致，在此不做赘述。

5.4.2 假设检验与讨论

表5-2给出了本研究各变量的相关系数。

5.4.2.1 多元化战略

企业战略主要通过集团公司的多元化程度来测量。有的企业集团允许子公司多元化经营，所以本研究也对子公司多元化程度的调节作用进行检验。利用回归模型检验时，第一步将控制变量放入模型M1；第二步放入自变量到模型M2-2，包括母公司多元化程度、子公司多元化程度和管控程度及方式；多元化战略的调节作用通过分别放入其与子公司管控的交互项到模型M4-1、M4-2，观察回归系数和R^2的变化情况。各个模型的回归结果见表5-3。

表 5-2 变量相关系数

变量	行业	母公司规模	子公司规模	母公司阶段	子公司阶段	管控程度	正式管控	非正式管控	母公司多元化程度	子公司多元化程度	低成本战略	差异化战略
行业	1	0.217*	0.088	-0.151	0.042	0.169	-0.038	0.183	-0.087	-0.224*	0.055	-0.250*
母公司规模	0.217*	1	0.534**	0.167	-0.009	0.064	0.054	-0.086	0.119	0.029	0.193	0.177
子公司规模	0.088	0.534**	1	0.235*	0.153	-0.050	0.079	-0.033	0.322**	0.058	0.121	0.054
母公司阶段	-0.151	0.167	0.235*	1	0.126	-0.034	-0.080	-0.139	0.138	-0.065	-0.152	-0.020
子公司阶段	0.042	-0.009	0.153	0.126	1	0.036	0.033	0.055	0.207	-0.063	-0.105	-0.091
管控程度	0.169	0.064	-0.050	-0.034	0.036	1	0.344**	0.239*	-0.134	0.002	0.020	-0.134
正式管控	-0.038	0.054	0.079	-0.080	0.033	0.344**	1	0.382**	-0.137	0.012	0.145	0.194
非正式管控	0.183	-0.086	-0.033	-0.139	0.055	0.239*	0.382**	1	-0.053	-0.025	0.120	0.077
母公司多元化程度	-0.087	0.119	0.322**	0.138	0.207	-0.134	-0.137	-0.053	1	0.302**	0.268**	0.089
子公司多元化程度	-0.224*	0.029	0.058	-0.065	-0.063	0.002	0.012	-0.025	0.302**	1	0.372**	0.382**
低成本战略	0.055	0.193	0.121	-0.152	-0.105	0.020	0.145	0.120	0.268**	0.372**	1	0.268*
差异化战略	-0.250*	0.177	0.054	-0.020	-0.091	-0.134	0.194	0.077	0.089	0.382**	0.268*	1
公司绩效	-0.153	0.175	0.112	-0.034	-0.127	0.086	0.191	-0.049	-0.118	0.217*	0.330**	0.293**

注：*表示在 $p<0.05$ 水平时显著相关(2-tailed)，**表示在 $p<0.01$ 水平时显著相关(2-tailed)。

表 5-3 多元化战略的调节作用回归结果：主效应与调节效应

变量	M1	M2-2	M4-1	M4-2
子公司所在行业	-0.212⁺	-0.168	-0.108	-0.125
子公司性质	-0.087	-0.072	-0.105	-0.081
子公司规模	0.105	0.054	0.003	0.049
母公司规模	0.184	0.205	0.205	0.179
母公司发展阶段	-0.032	-0.019	0.014	0.012
子公司发展阶段	-0.132	-0.108	-0.120	-0.111
母公司多元化程度		-0.116	-0.091	-0.069
子公司多元化程度		0.009	0.041	0.060
管控程度		0.063	0.049	0.070
正式管控		0.335**	0.324**	0.312*
非正式管控		-0.211+	-0.196+	-0.202+
母公司多元化程度×管控程度			0.052	
母公司多元化程度×正式管控			-0.329*	
母公司多元化程度×非正式管控			0.190	
子公司多元化程度×管控程度				-0.104
子公司多元化程度×正式管控				-0.198*
子公司多元化程度×非正式管控				0.120
F	1.428	2.04*	2.241*	1.959*
Adjusted R^2	0.029	0.117	0.168	0.135
ΔR^2		0.088	0.051	0.018

注：$N=87$；因变量为集团绩效；+表示 $p<0.1$，*表示 $p<0.05$，**表示 $p<0.01$。

1. 母公司多元化战略的影响

母公司多元化战略对母子公司管控与企业绩效关系调节作用的检验是在模型 M2-2（见表 5-3）的基础上，进一步放入母公司多元化程度分别与母子公司管控程度、正式管控及非正式管控的交互项，利用模型 M4-1 进行回归，观察回归系数是否显著和 R^2 的变化情况。从回归结果来看，母公司多元化程度对母子公司管控方式与集团绩效的关系存在调节作用，但对母子公司管控程度与集团绩效的关系不存在调节作用。以下逐一对各假设进行分析和讨论。

（1）研究假设 H10 认为，母公司多元化程度会调节母公司对子公司的管控程度与公司绩效之间的关系。母公司多元化程度较高时，母公司对子公司的管控程度与公司绩效负相关；母公司多元化程度较低时，母公司对子公司的管控程度与公司绩效正相关。从表 5-3 的 M4-1 列回归结果来看，母公司多元化程度的调节作用不显著，即母公司多元化程度不会影响子公司管控程度与其绩效之间的关系，假设 H10 没有获得支持。

（2）研究假设 H11a 认为，母公司多元化程度会调节母公司对子公司的正式管控方式与公司绩效之间的关系。母公司多元化程度较高时，母公司对子公司越多采用正式管控，公司绩效越差；母公司多元化程度较低时，母公司对子公司越多采用正式管控，公司绩效越好。从表 5-3 的 M4-1 列回归结果来看，母公司多元化程度对子公司管控方式（正式管控）与其绩效关系的调节作用在 $p<0.05$ 的水平上显著，标准化回归系数为 -0.329，假设 H11a 获得支持，其作用关系如图 5-3 所示（图中实线代表母公司多元化程度相对较高时，正式管控与集团绩效的关系；虚线代表母公司多元化程度相对较低时，正式管控与集团绩效的关系）。从图中可见，当母公司多

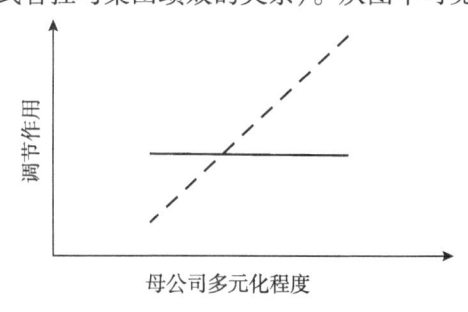

图 5-3　母公司多元化程度对正式管控与公司绩效的调节作用

数据来源：表 5-3。

元化程度较高时，管控方式变化对公司绩效的影响不明显；当母公司多元化程度较低时，即专业化程度较高时，加强正式管控方式会提升公司绩效。

（3）研究假设 H11b 认为，母公司多元化程度会调节母公司对子公司的非正式管控方式与公司绩效之间的关系。母公司多元化程度较高时，母公司对子公司越多采用非正式管控，公司绩效越好；母公司多元化程度较低时，母公司对子公司越多采用非正式管控，公司绩效越差。从表 5-3 的 M4-1 列回归结果来看，母公司多元化程度的调节作用不显著，即母公司多元化程度不会影响子公司非正式管控与其绩效之间的关系，假设 H11b 没有获得支持。

（4）结果讨论。对于母公司多元化战略对母子公司管控的影响，研究发现，当母公司多元化程度较低时，越多采用正式管控方式越有利于提升企业绩效，如图 5-3 所示。这一研究结果与 Hoskinsson 等人（1992）以及 Anthony 和 Govindarajan（1998）的观点相符，即专业化或相关多元化经营的企业应多采用正式管控机制，这有利于提升企业绩效。但母公司多元化程度较高时，正式管控对企业绩效的影响不明显。这或许是因为当集团公司不相关多元化经营时，有些业务与集团公司原有业务差异很大，母公司现有经验和管理知识无法在这些业务单元中发挥作用；但对于有些不相关多元化经营的业务单元，母公司可以利用已有经验和管理知识对其进行有效的管控，采用正式机制进行管控也可以提升绩效。这导致了在母公司多元化程度较高时，正式管控对企业绩效的影响不显著。进一步说，当可以利用其原有经验管控子公司时，母公司就可以提高对子公司的管控程度，不论子公司业务与母公司业务是否相关，这也可以解释假设 H10 为什么没有得到验证。此外，多元化经营的集团公司，一般会聘请业务知识丰富的经理人担任子公司总经理，如果上级较多地干涉子公司事务，会影响子公司高管的满意度，也会影响子公司总经理对绩效的控制，从而损害企业绩效。

2. 子公司多元化战略的影响

子公司多元化战略对母子公司管控与企业绩效关系调节作用的检验是在模型 M2-2 的基础上，进一步放入子公司多元化程度分别与母子公司管控程度、正式管控及非正式管控的交互项，利用模型 M4-2 进行回归，观察回归系数是否显著和 R^2 的变化情况（见表 5-3）。从回归结果来看，子公司多元化程度对母子公司管控方式与集团绩效的关系存在调节作用，但对母子公司管控程度与集团绩效的关系不存在调节作用。以下逐一对各假设进行分析和讨论。

（1）研究假设 H12 认为，子公司多元化程度会调节母公司对子公司的管控程度与公司绩效之间的关系。子公司多元化程度较高时，母公司对子公司的管控程度与公司绩效负相关；子公司多元化程度较低时，母公司对子公司的管控程度与公司绩效正相关。从表 5-3 的 M4-2 列回归结果来看，子公司多元化程度的调节作用不显著，即子公司多元化程度不会影响子公司管控程度与其绩效之间的关系，假设 H12 没有获得支持。

（2）研究假设 H13a 认为，子公司多元化程度会调节母公司对子公司的正式管控方式与公司绩效之间的关系。子公司多元化程度较高时，母公司对子公司越多采用正式管控，公司绩效越差；子公司多元化程度较低时，母公司对子公司越多采用正式管控，公司绩效越好。

从表 5-3 的 M4-2 列回归结果来看，子公司多元化程度对母子公司管控方式（正式管控）与其绩效关系的调节作用在 $p<0.05$ 的水平上显著，标准化回归系数为 -0.198，假设 H13a 获得支持，其作用关系如图 5-4 所示（图中实线代表子公司多元化程度较高，虚

线代表子公司多元化程度较低)。子公司多元化程度会负向调节正式管控与企业绩效的关系,子公司多元化程度越低,正式管控与企业绩效之间的正向关系越明显。

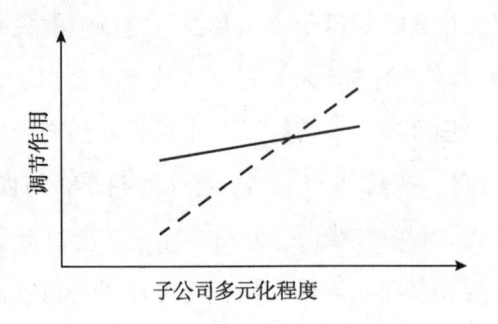

图5-4 子公司多元化程度对正式管控与公司绩效的调节作用

数据来源:表5-3。

(3) 研究假设H13b认为,子公司多元化程度会调节母公司对子公司的非正式管控方式与公司绩效之间的关系。子公司多元化程度较高时,母公司对子公司越多采用非正式管控,公司绩效越好;子公司多元化程度较低时,母公司对子公司越多采用非正式管控,公司绩效越差。从表5-3的M4-2列回归结果来看,子公司多元化程度的调节作用不显著,即子公司多元化程度不会影响子公司非正式管控与其绩效的关系,假设H13b没有获得支持。

(4) 结果讨论。子公司多元化程度的调节作用只对正式管控与企业绩效的关系产生影响,子公司多元化程度高会弱化正式管控与企业绩效的正向关系,子公司多元化程度低会强化正式管控与企业绩效的正向关系。子公司多元化程度对管控程度的调节作用不显著。本研究认为,母公司允许子公司多元化经营时,一般有两方面的原因:一是子公司所在的行业或地区出现了非常好的不相关多元化发展机会,例如子公司与当地政府的关系非常好,可以轻松购地进行房地产开发,这有利于子公司进入房地产行业;二是子公司属于多元化经营集团公司的区域子公司,其经营业务和管理模式均与母公司一致。对于第一种情况,子公司的新业务属于母公司不熟悉的领域,增加对子公司的管控程度或更多正式管控,均不利于子公司的经营管理。对于第二种情况,虽然子公司也是多元化经营,但与母公司的经营业务一一对应,母公司对其各个业务很熟悉,增加正式管控不会对子公司的经营管理带来太多负面影响。

5.4.2.2 竞争战略

子公司的竞争战略包括低成本战略和差异化战略。利用回归模型检验业务战略与母子公司管控的整合效果时,第一步将控制变量放入模型 M1;第二步放入自变量到模型 M2-3,包括低成本战略、差异化战略;业务战略的调节作用通过分别放入其与子公司管控的交互项到模型 M5-1、M5-2,观察回归系数和 R^2 的变化情况。各个模型的回归结果见表 5-4。

表 5-4 业务战略的调节作用回归结果:主效应与调节效应

变量	M1	M2-3	M5-1	M5-2
子公司所在行业	-0.212 +	-0.133	-0.134	-0.096
子公司性质	-0.087	-0.034	-0.005	-0.017
子公司规模	0.105	0.041	0.023	-0.039
母公司规模	0.184	0.177	0.210	0.211
母公司发展阶段	-0.032	-0.047	-0.022	-0.040
子公司发展阶段	-0.132	-0.125	-0.114	-0.125
低成本战略		-0.083	-0.038	-0.084
差异化战略		0.097	0.108	0.143
管控程度		0.081	0.100	0.109
正式管控		0.350 **	0.318 *	0.360 *
非正式管控		-0.228 +	-0.202 +	-0.282 +
低成本战略×管控程度			0.036	

135

续表

变量	M1	M2-3	M5-1	M5-2
低成本战略×正式管控			-0.006	
低成本战略×非正式管控			-0.195+	
差异化战略×管控程度				-0.009
差异化战略×正式管控				-0.064
差异化战略×非正式管控				0.246*
F	1.428	1.865	1.721	1.827
Adjusted R^2	0.029	0.108	0.112	0.126
ΔR^2		0.135	0.034	0.046

注：$N=87$；+表示 $p<0.1$，*表示 $p<0.05$，**表示 $p<0.01$。

1. 低成本战略的影响

低成本战略对母子公司管控与企业绩效关系调节作用的检验是在模型 M2-3（见表5-4）的基础上，进一步放入低成本战略分别与母子公司管控程度、正式管控及非正式管控的交互项，利用模型 M5-1 进行回归，观察回归系数是否显著和 R^2 的变化情况。低成本战略对母子公司管控方式与集团绩效的关系存在调节作用，但对母子公司管控程度与集团绩效的关系不存在调节作用。以下逐一对各假设进行分析和讨论。

（1）研究假设 H14 认为，子公司低成本战略会调节母公司对子公司的管控程度与公司绩效之间的关系。子公司采用低成本战略程度较高时，母公司对子公司的管控程度与公司绩效正相关；子公司采用低成本战略程度较低时，母公司对子公司的管控程度与公司绩效负相关。从表5-4 的 M5-1 列回归结果来看，子公司低成本战略的调节作用不显著，即子公司低成本战略不会影响子公司管控程度与其绩效的关系，假设 H14 没有获得支持。

（2）研究假设 H15a 认为，子公司低成本战略会调节母公司对子公司的正式管控方式与公司绩效之间的关系。子公司采用低成本战略程度较高时，母公司对子公司越多采用正式管控，公司绩效越好；子公司采用低成本战略程度较低时，母公司对子公司越多采用正式管控，公司绩效越差。从表 5-4 的 M5-1 列回归结果来看，子公司低成本战略的调节作用不显著，即子公司低成本战略不会影响子公司正式管控与其绩效的关系，假设 H15a 没有获得支持。

（3）研究假设 H15b 认为，子公司低成本战略会调节母公司对子公司的非正式管控方式与公司绩效之间的关系。子公司采用低成本战略程度较高时，母公司对子公司越多采用非正式管控，公司绩效越差；子公司采用低成本战略程度较低时，母公司对子公司越多采用正式管控，公司绩效越好。

从表 5-4 的 M5-1 列回归结果来看，子公司低成本战略对子公司非正式管控与其绩效关系的调节作用在 $p<0.1$ 的水平上显著，标准化回归系数为 -0.195，假设 H15b 获得支持，其作用关系如图 5-5 所示（图中实线代表子公司采用低成本战略程度较高，虚线代表子公司采用低成本战略程度较低）。子公司实施低成本战略的程度较高时，母公司对子公司越多采用非正式管控，企业绩效越差；子公司实施低成本战略的程度较低时，非正式管控与企业绩效的关系不明显。

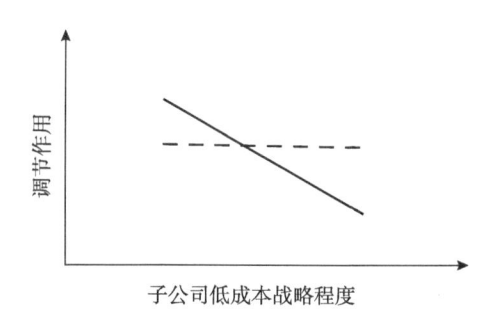

图 5-5　子公司低成本战略程度对非正式管控与企业绩效的调节作用
数据来源：表 5-4。

(4) 结果讨论。从研究结果来看，低成本战略对管控程度与公司绩效关系的调节作用不显著。本研究认为降低子公司的成本，既可以通过子公司的生产规模和经验，也可以通过集团公司层面的协同。如果是利用后者或规模经济获得低成本优势，则母公司管控程度提升有利于绩效改善；但当通过子公司业内经验获得低成本优势时，如果行业生产经验的获取需要较高的专业知识，则不熟悉专业知识的母公司过多地干预子公司事务会降低其运营效率。因此，低成本战略对管控程度的调节作用不显著。进一步说，由于低成本优势的获取途径不同，对于采用低成本战略的子公司，母公司既可以采用较多的正式管控，也可以采用较少的正式管控，因此，假设 H15a 也没有得到支持。

当子公司实施低成本战略的程度较高时，母公司对子公司采取较多非正式管控则会降低企业运营效率，进而抬高子公司的运营成本，所以当子公司实施低成本战略的程度较高时，非正式管控与企业绩效负相关，假设 H15b 得到支持，进一步印证了 Govindarajan (1988)、Daniel 和 Reitsperger (1991) 的观点。

2. 差异化战略的影响

差异化战略对母子公司管控与企业绩效关系调节作用的检验是在模型 M2-3（见表 5-4）的基础上，进一步放入差异化战略分别与母子公司管控程度、正式管控及非正式管控的交互项，利用模型 M5-2 进行回归，观察回归系数是否显著和 R^2 的变化情况。从回归结果来看，差异化对母子公司管控方式与集团绩效的关系存在调节作用，但对母子公司管控程度与集团绩效的关系不存在调节作用。以下逐一对各假设进行分析和讨论。

(1) 研究假设 H16 认为，子公司差异化战略会负向调节母公司对子公司的管控程度与公司绩效之间的关系。子公司采用差异化战略程度较高时，母公司对子公司的管控程度与公司绩效负相关；子公司采用差异化战略程度较低时，母公司对子公司的管控程度与公司绩效正相关。从表 5-4 的 M5-2 列回归结果来看，子公司差异化战略的调节作用不显著，即子公司差异化战略不会影响子公司管控程度与其绩效的关系，假设 H16 没有获得支持。

（2）研究假设 H17a 认为，子公司差异化战略会调节母公司对子公司的正式管控方式与公司绩效之间的关系。子公司采用差异化战略程度较高时，母公司对子公司的正式管控与公司绩效负相关；子公司采用差异化战略程度较低时，母公司对子公司的正式管控与公司绩效正相关。从表 5-4 的 M5-2 列回归结果来看，子公司差异化战略的调节作用不显著，即子公司差异化战略不会影响子公司正式管控与其绩效的关系，假设 H17a 没有获得支持。

（3）研究假设 H17b 认为，子公司差异化战略会正向调节母公司对子公司的非正式管控方式与公司绩效之间的关系。子公司采用差异化战略程度较高时，母公司对子公司的非正式管控与公司绩效正相关；子公司采用差异化战略程度较低时，母公司对子公司的非正式管控与公司绩效负相关。从表 5-4 的 M5-2 列回归结果来看，子公司差异化战略对非正式管控与企业绩效关系的调节作用在 $p < 0.05$ 的水平上显著，标准化回归系数为 0.246，假设 H17b 获得支持，其作用关系如图 5-6 所示（图中实线代表子公司差异化战略程度较高，虚线代表子公司差异化战略程度较低）。当子公司采用差异化战略程度较低时，非正式管控与企业绩效负相关。

（4）结果讨论。研究认为假设 H16 实证检验结果不显著的原因主要与本研究采用横截面数据有关。如前所述，上级较多地干涉子公司事务会影响子公司高管的满意度，也会影响子公司总经理对绩效的控制，但这些影响只能在长期中体现出来，当期的数据难以验证这一关系。

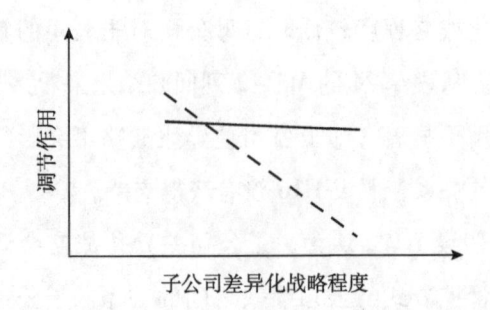

图 5-6 子公司差异化战略程度对非正式管控与企业绩效的调节作用
数据来源：表 5-4。

5.4.2.3 二维调节检验

根据上述实证检验结果可见，对母子公司管控程度起到调节作用的只有子公司的集中化战略，对正式管控方式起到调节作用的有三个变量：环境复杂性、母公司多元化程度和子公司多元化程度；对非正式管控起到调节作用的也有三个变量：环境慷慨性、子公司低成本战略和子公司差异化战略，见表 5-5。对正式管控和非正式管控起到调节作用的变量均达到两个以上，因此要对这两个变量进行二维调节检验。

表 5-5　环境与战略变量的一维调节结果

调节变量	管控程度	正式管控	非正式管控
环境动态性	-0.088	-0.23	-0.059
环境慷慨性	0.001	-0.107	0.21 +
环境复杂性	-0.088	0.258 *	0.121
母公司多元化程度	0.52	-0.329 *	0.19
子公司多元化程度	-0.104	-0.198 *	0.12
低成本战略	0.036	-0.006	-0.195 +
差异化战略	-0.009	-0.064	0.246 *

注：* 表示 $p<0.05$，+ 表示 $p<0.1$。
数据来源：表 5-2~表 5-4。

在对正式管控起到调节作用的三个变量中,当子公司多元化程度较高时,母公司多元化程度肯定也是较高的,不可能存在子公司多元化程度较高而母公司多元化程度较低的情况。所以,本研究在检验对正式管控的二维调节时,只检验"环境复杂性×母公司多元化程度"和"环境复杂性×子公司多元化程度"的二维调节作用。

利用回归模型检验"环境复杂性×母公司多元化程度"和"环境复杂性×子公司多元化程度"的二维调节作用时,第一步将控制变量放入模型 M1;第二步放入所有自变量到模型 M2-4;第三步放入交互项环境复杂性×正式管控、母公司多元化程度×正式管控、子公司多元化程度×正式管控、环境复杂性×母公司多元化程度和环境复杂性×子公司多元化程度到模型 M6-1;二维调节作用通过分别放入其与正式管控的交互项到模型 M7-1,观察回归系数和 R^2 的变化情况。各个模型的回归结果见表 5-6,从结果来看,二维调节作用不显著。

表 5-6 环境复杂性与多元化程度对母子公司管控与企业绩效的二维调节回归结果

变量	M1	M2-4	M6-1	M7-1
子公司所在行业	-0.212[+]	-0.153	-0.122	-0.120
子公司性质	-0.087	-0.069	-0.177	-0.117
子公司规模	0.105	0.018	0.020	0.002
母公司规模	0.184	0.215	0.207	0.214
母公司发展阶段	-0.032	-0.009	0.044	0.036
子公司发展阶段	-0.132	-0.112	-0.069	-0.076
环境动态性		0.120	0.140	0.140
环境慷慨性		-0.168	-0.171	-0.171
环境复杂性		-0.073	-0.030	-0.052
母公司多元化程度		-0.084	-0.199	-0.180

续表

变量	M1	M2-4	M6-1	M7-1
子公司多元化程度		-0.064	0.033	0.036
低成本战略		-0.021	-0.034	-0.027
差异化战略		0.105	0.123	0.131
集中化战略		-0.039	-0.035	-0.049
管控程度		0.100	0.109	0.126
正式管控		0.333*	0.264*	0.260*
非正式管控		-0.234+	-0.215+	-0.232+
环境复杂性×正式管控			0.220*	0.248*
母公司多元化程度×正式管控			-0.169	-0.165
子公司多元化程度×正式管控			-0.026	-0.043
环境复杂性×母公司多元化程度			0.130	0.115
环境复杂性×子公司多元化程度			0.109	0.098
环境复杂性×母公司多元化程度×正式管控				0.005
环境复杂性×子公司多元化程度×正式管控				0.070
F	1.428	1.499	1.857	1.671
Adjusted R^2	0.029	0.090	0.180	0.158
ΔR^2	0.097	0.173	0.120	0.003

注：$N=87$；*表示$p<0.05$，+表示$p<0.1$。

在对非正式管控起到调节作用的三个变量中，低成本战略和差异化战略是不可共存的，即公司不可能既采用低成本战略，又采用差异化战略，所以，本研究在检验对非正式管控的二维调节时，只检验"环境慷慨性×子公司低成本战略"和"环境慷慨性×子公司差异化战略"的二维调节作用。

利用回归模型检验"环境慷慨性×子公司低成本战略"和"环境慷慨性×子公司差异化战略"的二维调节作用时，第一步将控制变量放入模型 M1；第二步放入所有自变量到模型 M2-5；第三步放入交互项环境慷慨性×非正式管控、低成本战略×非正式管控、差异化战略×非正式管控、环境慷慨性×低成本战略、环境慷慨性×差异化战略到模型 M6-2；二维调节作用通过分别放入其与正式管控的交互项到模型 M7-2，观察回归系数和 R^2 的变化情况。各个模型的回归结果如表 5-7 所示，从结果来看，二维调节作用不显著。

表 5-7 环境慷慨性与多元化程度对母子公司管控与企业绩效的二维调节回归结果

变量	M1	M2-5	M6-2	M7-2
子公司所在行业	-0.212+	-0.153	-0.119	-0.135
子公司性质	-0.087	-0.069	-0.050	-0.049
子公司规模	0.105	0.018	-0.090	-0.082
母公司规模	0.184	0.215	0.293*	0.299*
母公司发展阶段	-0.032	-0.009	0.005	0.031
子公司发展阶段	-0.132	-0.112	-0.099	-0.100
环境动态性	0.120	0.096	0.077	
环境慷慨性		-0.168	-0.172	-0.166
环境复杂性		-0.073	-0.114	-0.124
母公司多元化		-0.084	-0.074	-0.085
子公司多元化		-0.064	0.020	0.050
低成本战略		-0.021	-0.016	0.004
差异化战略		0.105	0.128	0.143
集中化战略		-0.039	-0.037	-0.062
管控程度		0.100	0.152	0.140
正式管控		0.333*	0.344**	0.351**
非正式管控		-0.234+	-0.254*	-0.261*
环境慷慨性×非正式管控			0.141	0.146
低成本战略×非正式管控			-0.085+	-0.086+
差异化战略×非正式管控			0.200+	0.159+
环境慷慨性×低成本战略			-0.047	-0.516
环境慷慨性×差异化战略			-0.083	0.085

续表

变量	M1	M2-5	M6-2	M7-2
环境慷慨性×低成本战略×非正式管控				0.494
环境慷慨性×差异化战略×非正式管控				-0.196
F	1.428	1.499	1.627	1.491
Adjusted R^2	0.029	0.090	0.138	0.120
ΔR^2	0.097	0.173	0.089	0.007

注：$N=87$；+表示 $p<0.1$，*表示 $p<0.05$，**表示 $p<0.01$。

5.5 本章小结

本章基于战略提出研究假设。战略分为公司层战略和业务层战略，其中公司层战略分为母公司层面和子公司层面，业务层战略分为低成本战略和差异化战略。围绕上述战略共提出 8 个大假设，分别探讨其对管控程度和管控方式的影响，其中管控方式可分为正式管控和非正式管控，故 4 个针对管控方式的假设又细化为 8 个子假设，共计提出 12 个假设，全部为调节作用的假设。其中，母公司多元化程度、子公司多元化程度和差异化战略，会正向调节管控程度与企业绩效、正式管控与企业绩效间的关系，同时会负向调节非正式管控与企业绩效间的关系；低成本战略会负向调节管控程度与企业绩效、正式管控与企业绩效间的关系，同时会正向调节非正式管控与企业绩效间的关系。

本章采用问卷调查数据对假设进行检验。量表设计中，对于环境的三个维度，本研究结合 Dess 和 Beard 的观点及 Porter 的五力模型理论设计量度外部环境题项；多元化程度的测量在题目设计上要求被调查者回答公司经营涉及的行业多少，以此来测量企业的多元化程度；对业务战略的测量根据 Porter 的定义自行设计量表；对管控的测量参考 Lovett 等人（2009）的量表；对于因变量企业绩效，对被调查者对子公司的市场份额、销售利润率和资产回报率的满意程度进行测量；数据调查中涉及企业行业、子公司性质、母公司和子公司规模、发展阶段等控制变量。累计发放问卷 297 份，其中有效问卷 87 份。

本章对数据处理的结果进行分析和讨论。首先对数据进行了描述性统计分析，包括样本数据的极值、均值和标准差，还对样本的分布情况结合数据处理结果进行了描述。然后对研究假设进行回归检验。从检验结果来看，公司层战略不影响管控程度，只影响管控方式，即母公司和子公司多元化程度都会负向调节正式管控与绩效的关系。业务层战略同样影响管控方式而不影响管控程度，即对实施低成本战略或差异化战略程度低的子公司不宜采用非正式管控。

此外，本章还结合前面几章的变量和战略变量进行了二维调节检验，但二维调节检验结果均没有得到支持。

第6章 集团管控与协同效应实现的关系
——环境特征的调节作用

企业集团是一个法人集合体,它通过单体企业间的优势互补,最大限度地提高企业集团的竞争力,实现协同效应(陈志军、王晓静、徐鹏,2013)。❶ 在企业集团内部,企业价值的创造只发生在业务单位层面,母公司的价值创造必须通过其下属的业务单位才能得以实现。具体来说,母公司通过合理地设计业务组合,要求下属的子公司之间共享职能,或进行技术知识的转让,来实现子公司之间的协同效应,完成价值创造。协同效应体现了企业集团的价值创造能力,它是企业集团实现持续成长和扩张的重要途径,也是企业集团这种组织形式存在的重要基础(孙大鹏、赵全超,2007)。❷

我国的市场经济发展时间较短,与市场相关的制度还不够完善。在这种情况下,更加需要企业集团这种组织形式来降低集团内部企业的交易成本,并利用其已有资源创造更多的产出,更好地实现协

---

❶ 陈志军,王晓静,徐鹏. 集团研发管理机制与研发绩效关系研究[J]. 山东社会科学,2013(12):115-120.

❷ 孙大鹏,赵全超. 企业集团协同效应创造机制与战略并购经济条件研究[J]. 科技进步与对策,2007,24(6):94-96.

同效应。但是，协同效应并不会因为各成员企业组合在一起就能自然地产生。[1] Porter（1985）指出，集团公司要实现协同效应必须克服子公司之间利益不对称、失去自主权和控制权、片面的激励体系、子公司环境的差异、担心损害分权等障碍。因此，为了保障协同效应的实现，集团公司需要根据外部环境的情况，有效地协调控制子公司的各种职能。[2]

当前，我国理论界顺应企业实践发展的需要，对企业集团如何实现协同效应进行研究，产生了较多的理论成果，尤其是在协同效应的实现机制方面有大量的研究文献。但是，如前文所述，实现协同效应要求子公司之间共享价值链的活动，但由于母公司与子公司管理视角的不同，追求协同效应必然会遇到协调的障碍，已有的研究主要集中于关注实现协同的机制，较少考虑如何克服实现协同效应的阻碍。要克服这些障碍，需要对子公司进行合理有效的管控。不论是从理论研究，或是解决实践问题的角度来看，这方面的研究还需要进一步加强。因此，从实现协同效应的角度来研究集团管控问题，可以进一步丰富现有集团公司协同的理论成果，更好地为我国的企业集团发展提供理论参考，具有重要的理论意义和实际应用价值。

对子公司的管控需要考虑各方面的因素，如外部环境因素、集团内部环境因素、子公司特征、子公司之间关系等。我国正处于经济转型期，外部环境中影响企业发展的因素众多，而且变化速度快。因此，本研究将探讨在不同环境下，在企业集团内部母公司如何对子公司施以合理的管控，从而更有利于企业集团协同效应的实现。

---

[1] ANSOFF H I. Corporate Strategy [M]. New York：McGraw-Hill, 1965.
[2] PORTER M E. Competitive Advantage [M]. New York：Free Press, 1985.

6.1 文献回顾与研究假设

对协同效应的研究较多地集中在协同效应的形成机理、发展过程和评价体系。在协同效应的形成机理和发展过程研究方面，韵江、刘立和高杰（2006）认为企业集团的形成和发展的根本在于实现异质性成员企业间的协同效应，集团内部协同效应的实现有其自身特殊的形成机理，既要在子公司层面得到体现，更需要在集团层面实现整体的价值创造。❶ 郑刚、朱凌和金珺（2008）从全面创新管理（TIM）的视角通过案例研究提出，实现协同要经过沟通、竞争、合作、整合和协同五个阶段。❷ 丁铭华（2010）认为集团的协同发展需要经过三个阶段：基础阶段、应用阶段和最高阶段。第一个阶段以资源共享为主，第二个阶段则利用平台集成实现协同，第三个阶段则要实现集团的全面管控，并在此基础上提出了"协同—集成—管控"的协同发展模型。❸ 孙大鹏和赵全超（2007）研究企业并购过程中协同效应的实现问题。他们认为企业并购的主要目的就是通过重组和整合双方企业现有的知识、能力、资源来创造新的价值增量。❹ 公司要想通过并购实现协同效应，就必须在公司层战略的指引下，充分利用现有资源，促进知识和能力的转移，实现并购企业与目标企业之间知识、能力和资源的高效整合，促进并购后新企业集

---

❶ 韵江，刘立，高杰. 企业集团的价值创造与协同效应的实现机制 [J]. 财经问题研究，2006（4）：79-86.

❷ 郑刚，朱凌，金珺. 全面协同创新：一个五阶段全面协同过程模型 [J]. 管理工程学报，2008，22（2）：24-30.

❸ 丁铭华. 基于协同经济的企业集团管控路径研究 [J]. 经济管理，2010，32（2）：65-69.

❹ 孙大鹏，赵全超. 企业集团协同效应创造机制与战略并购经济条件研究 [J]. 科技进步与对策，2007，24（6）：94-96.

团的竞争优势不断增强。

对于协同效应的评价，不同的学者提出不同的思路。陈志军、王晓静和徐鹏（2014）以企业集团研发协同为研究对象，将企业集团研发协同分为母子公司研发协同、子公司间研发协同和公司内部研发协同三个维度，构建研发协同影响因素、企业集团各维度协同水平和研发绩效的测量量表。❶ 陈劲、谢芳和贾丽娜（2006）利用价值链分析方法提出了协同效应的评价体系，从生产、技术和市场三个方面测度协同效应；并进一步研究了战略、组织和协同支撑条件等因素对协同效应的影响。❷ 陈志军和刘晓（2010）利用问卷调查数据进行探索性因子分析，从战略协同、文化协同、人力资源协同、供应链协同及财务协同五个方面来评价母子公司协同效应，构建了由多级指标构成的协同效应评价体系。❸

6.1.1 母子公司管控对协同效应的影响

母子公司管控包括范围、程度和方式三个维度的构念（Geringer and Hebert，1989）。❹ 管控范围指母公司干涉子公司决策行动的范围大小；管控程度指母公司对每种决策行动干涉的程度；管控方式则指母公司管控子公司时采取的手段，如正式手段和非正式手段。一般认为管控范围越宽，即可视为母公司对子公司的管控程度越大，管控范围被整合到管控程度中进行研究（Lovett S R，Perez-Nordtvedt

---

❶ 陈志军，王晓静，徐鹏. 企业集团研发协同影响因素及其效果研究 [J]. 科研管理，2014（3）：108 – 115.

❷ 陈劲，谢芳，贾丽娜. 企业集团内部协同创新机理研究 [J]. 管理学报，2006，3（6）：733 – 740.

❸ 陈志军，刘晓. 母子公司协同效应评价的一种模型 [J]. 经济管理，2010，32（10）：51 – 56.

❹ GERINGER J M，HEBERT L. Control and Performance of International Joint Ventures [J]. Journal of International Business Studies，1989，22（2）：235 – 254.

L, Rasheed A A, 2009)。[1] 本研究将从管控程度和管控方式两个维度来研究母子公司管控对协同效应实现的影响。

当企业集团追求协同效应时，需要各成员企业共享资源或协调行动。母公司要设计适当的激励机制提高子公司参与协同活动的动机，缺乏激励会影响企业内部实践经验的转移（Szulanski，1996）。[2] 激励机制的实施需要母公司的设计和对子公司考核，这在一定程度上增加了母公司对子公司的干预程度。企业集团内部资源共享的程度越高，越需要母公司依赖集权方式管制子公司（Porter，1987）。[3] 彭灿（2007）在研究集群价值网络时指出，网络中的活动分工和协作需要龙头企业协调。[4] 在企业集团中，母公司承担着龙头企业的角色，通过跨企业团队或增加组织成员间的非正式沟通来促进协同的实现（陈劲、谢芳、贾丽娜，2006）。[5] 综上可见，当企业追求协同效应时，需要母公司增加对子公司的管控程度，因此，本研究提出以下研究假设。

H18：母公司对子公司的管控程度越大，越有利于企业集团协同效应的实现。

Martinez 和 Jarillo（1989）将母子公司管控方式分为正式管控和非正式管控。[6] 正式管控指对子公司采用政策、规划、工作说明书等

---

[1] LOVETT S R, PEREZ-NORDTVEDT L, RASHEED A A. Parental Control: A Study of U. S. Subsidiaries in Mexico [J]. International Business Review, 2009 (18): 481 – 493.

[2] SZULANSKI G. Exploring Internal Stickiness: Impediments to the Transfer of Best Practice within the Firm [J]. Strategic Management Journal, 1996 (17): 27 – 43.

[3] PORTER M E. From Competitive Advantage to Corporate Strategy [J]. Harvard Business Review, 1987 (May/June): 43 – 59.

[4] 彭灿. 企业集群知识系统的运行环境研究 [J]. 研究与发展管理, 2007, 19 (1): 6 – 12.

[5] 陈劲, 谢芳, 贾丽娜. 企业集团内部协同创新机理研究 [J]. 管理学报, 2006, 3 (6): 733 – 740.

[6] MARTINEZ J I, JARILLO J C. The Evolution of Research on Coordination Mechanisms in Multinational Corporations [J]. Journal of International Business Studies, 1989, 3 (20): 489 – 514.

进行控制，引导其建立标准的作业程序或通则。正式管控更多地体现出集权化、正式化的特征，决策的核心处于较高层的指挥链中。母公司通过系统程序，如战略规划、预算、时间表的建立、目标设定、功能性的计划，指导子公司的活动。在运营过程中对子公司活动进行直接或间接的监督。对于运营结果，要求子公司呈报各类档案、记录及报告进行评估。非正式管控更加强调母子公司之间的平行关系，通过工作小组、团队合作和委员会等进行合作，利用公司会议或研讨会、个人拜访以及经理人的轮调等非正式沟通方式创建沟通网络；重视文化建设，塑造相同的行事风格、沟通决策的方式、公司的目标与价值观，对子公司进行社会化。

如前所述，当企业集团追求协同效应时，需要加强管控程度，因此，采取正式管控方式更加有利于实现协同效应。同时协同效应的实现需要多个子公司之间的协调，需要进行有效的沟通，这就需要根据不同的情况来确定如何实施非正式管控。也就是说，正式管控会直接对协同效应的实现产生作用，而非正式管控需要根据不同的情境对协同效应的实现产生作用。综上，本研究对正式管控提出以下研究假设。

H19：母公司对子公司越多采用正式管控，越有利于企业集团协同效应的实现。

6.1.2 外部环境的调节作用

对组织外部环境研究的文献主要从两个角度来分析：信息不确定性和资源依赖性。从信息不确定的角度来看，环境作为组织信息的来源，是复杂多变的。从资源依赖的角度看，环境为企业提供稀缺的外部资源。Stanton（1979）为了建立环境与组织之间的预测模型，将环境因素界定为四个维度：复杂性、不确定性、稳定性和变化速度。这种界定方法只是从信息不确定性的角度考虑的。Aldrich

(1979)则从两个角度进行分类,在总结梳理大量种群生态学和资源依赖理论文献的基础上,将外部环境从六个维度进行解释:容量、稳定—不稳定、同质—异质、集中—分散、动荡、领域聚合—领域离散。Dess 和 Beard (1984) 在 Aldrich 的研究基础上,将外部环境维度整合为三个:动态性、复杂性和慷慨性。动态性和复杂性反映了信息不确定的观点。动态性指环境因素变化的不确定性以及预测环境变化的困难程度,环境因素不确定性越高或预测这些因素越困难,则环境动态性越高。复杂性主要指环境因素的异质性。外部环境的异质性越高,组织面临的外部信息越多,企业需要更多的管理决策来处理外部环境问题。慷慨性主要反映资源依赖性的观点,指环境给予企业提供的发展空间,体现为环境支持企业持续增长的程度(Starbuck,1976)。❶ 对于慷慨性这一维度,有些学者从其反方向进行考量,称为"威胁性"。这两种说法并无本质差别,本研究将参照 Dess 和 Beard (1984) 对外部环境的界定,从动态性、慷慨性和复杂性三个维度研究环境的影响。

企业集团内部协同效应的实现是企业应对环境变化提升内部管理的过程,在复杂动态的环境下,企业不能依靠单一的管理方式实现协同效应,应根据环境情况采取适宜的管理策略(张铁男、蒋国策,2012)。❷ 子公司镶嵌于企业集团组织网络中,内部网络关系的形成除了自身因素外,母子公司管控程度和方式也是一个影响网络效率的重要因素。不同的管理机制对子公司之间的互动与交流会产

---

❶ STARBUCK W H. Organizations and their Environments [C] //DUNNETTE M D. Handbook of Industrial and Organizational Psychology. Chicago: Rand McNally, 1976: 1069 – 1123.

❷ 张铁男,蒋国策. 复杂动态环境下企业战略协同策略研究 [J]. 管理现代化,2012 (2): 32 – 34.

生干扰作用，从而使子公司属性与网络核心度之间的关系发生变化（洪锐滨、邹建华、初可佳，2008），进而影响协同效应的实现。❶

6.1.2.1 环境动态性的影响

环境的动态性指环境中各类因素变化的程度和频率，包括技术变革、消费者偏好的变化、产品需求以及原材料供应波动（Jansen et al., 2006）。❷ 在快速变化的外部环境中，企业必须持续地监控市场变化，并及时地做出调整（Fynes, Burca, and Voss, 2005）。❸ 同时，产品的生命周期也会缩短，企业要想更好地生存和发展，就必须从市场需求出发，尽快研发新的产品和服务（Sorensen and Stuart, 2000）。❹ 因此，环境的动态性增加了企业管理中的知识密度要求，知识的培育和获取变得更加重要（Hitt, Keats, and Demarie, 1998）。❺ 在集团公司中，母公司需要加强管控，更多地要求子公司参与知识转移和资源共享。此外，环境的快速变化要求集团内部企业有效使用信息通信技术实现快捷的沟通来及时地响应外部环境的变化（Pavlou and Elsawy, 2006），❻ 需要在母公司的主导下，在整个

---

❶ 洪锐滨，邹建华，初可佳. 集团企业子公司网络特性研究：基于协同收益、弹性限制与经营绩效 [J]. 生产力研究，2008（9）：133-134.

❷ JANSEN J J P, FRANS A J, BOSCH V D, et al. Exploratory Innovation, Exploittative Innovation, and Performance: Effects of Organizational Antecedents and Environmental Moderators [J]. Management Science, 2006（52）：1661-1674.

❸ FYNES B, BURCA S D, VOSS C. Supply Chain Relationship Quality, the Competitive Environment and Performance [J]. International Journal of Production Research, 2005（43）：3303-3320.

❹ SORENSEN J B, STUART T E. Aging, Obsolescence and Organizational Innovation [J]. Administrative Science Quarterly, 2000（45）：81-113.

❺ HITT M A, KEATS B, DEMARIE S. Naviagating in the New Competitive Landscape: Building Strategic Flexibility and Competitive Advantage in the 21st Century [J]. Academy of Management Executive, 1998, 12（4）：22-42.

❻ PAVLOU P A, ELSAWY O A. From IT Leveraging Competence to Competitive Advantage in Turbulent Environments: The Case of New Product Development [J]. Information Systems Research, 2006（17）：198-227.

集团内部建立完善的 IT 设施（杜维、司有和、温平川，2010），这在一定程度上增加了母公司对子公司的干预。[1]

在动态性低的环境中，如果子公司已经在行业内取得优势地位，按照波士顿矩阵分析方法，母公司一般采用收割型战略（Bapuji,2005），利用子公司的现金流对问题类或明星类业务进行培育；[2]如果子公司没能获得较高的行业地位，母公司可考虑收缩或出售该业务。在这两种情况下，母公司都不必对子公司干预太多。综上，提出以下研究假设。

H20：环境动态性会调节母子公司管控程度对协同效应的影响。动态性较低时，母公司减少对子公司的管控程度，有利于协同效应的实现；动态性较高时，母公司增加对子公司的管控程度，有利于协同效应的实现。

环境动态性越高，企业会更多关注竞争者行动、顾客需求等非财务数据（Gordon and Miller，1976）。[3] 这些信息的获取需要企业高层更多与子公司高管面谈或亲临子公司和市场实地考察，这意味着增加非正式管控方式的使用。罗来军（2010）认为，当跨国公司海外子公司面临的国际化经营环境经常变化时，其对子公司的管控要增加动态性、灵活性，加强非正式管控机制的实施来适应这种变化。[4] 张辰彦、吴冰和刘仲英（2007）认为外部环境的动态性越高，对企业知识管理系统整体柔性的要求越高，这要求更多采用注重灵

---

[1] 杜维，司有和，温平川. IT 能力、知识管理战略与绩效：环境的影响 [J]. 科研管理，2010，31（1）：9–25.

[2] BAPUJI H. Knowledge Management Strategies and Firm Performance [D]. London: The University of Western Ontario, 2005.

[3] GORDON L A, MILLER D. A Contingency Framework for the Design of Accounting Information Systems [J]. Accounting, Organization and Society, 1976, 1 (1): 59–69.

[4] 罗来军. 国际合资子公司的控制机制 [M]. 北京：中国环境科学出版社，2010：26–27.

活性的非正式手段。❶ Gomez-Mejia、Balkin 和 Cardy（1995）进一步指出，当环境动态性较低时，应采用固定薪酬制度，以秩序为原则，更多利用正式管控机制；而当公司面临的环境动态性较高时，应更多地采用变动薪酬制度，增加弹性，让下属单位与企业共担风险。❷ 因此，我们认为当外部环境动态性较高时，母公司更多采用非正式管控，有利于协同效应的实现。综上提出以下研究假设。

H21：外部环境动态性会调节管控方式与协同效应的关系。

H21a：当动态性较低时，母公司更多采用正式管控方式，有利于协同效应的实现。

H21b：当动态性较高时，母公司更多采用非正式管控方式，有利于协同效应的实现。

6.1.2.2 环境慷慨性的影响

环境慷慨性意味着环境给予企业的发展空间。在慷慨性较小的环境中，企业面临激烈的竞争，与竞争对手之间的产品同质化严重（Lumpkin and Dess，2001），❸ 企业需要加快知识更新和运用的速度（杜维、司有和、温平川，2010）。❹ 同时，慷慨性低也意味着外部环境中给予企业发展的各类有利条件较少，因此，集团内子公司会积极寻求从集团中获得有利于企业发展的资源。此外，当外部环境呈现出较强的竞争性时，要求企业迅速做出反应，以化解环境对企

---

❶ 张辰彦，吴冰，刘仲英. 企业知识管理系统柔性与环境不确定性的匹配度计算模型 [J]. 管理学报，2007，4（4）：393–397.

❷ GOMEZ-MEJIA L R, BALKIN D B, CARDY R. Managing Human Resource [M]. Upper Saddle River: Prentice-Hall Inc, 1995.

❸ LUMPKIN G T, DESS G G. Linking Two Dimensions of Entrepreneurial Orientation to Firm Performance: The Moderating Role of Environment and Industry Life Cycle [J]. Journal of Business Venturing, 2001 (16): 429–451.

❹ 杜维，司有和，温平川. IT能力、知识管理战略与绩效：环境的影响 [J]. 科研管理，2010，31（1）：9–25.

业的不利影响。此时环境因素超过组织因素成为更加关键的驱动力量,需要高层管理者采取强有力的措施(王宇、余容,2008)。[1] 对于子公司而言,需要子公司的总经理具备较高的决策权来应对环境竞争,所以母公司应该放权于子公司总经理。反之,当慷慨性较高时,子公司发展受到竞争因素较少,参与资源共享和知识转移的动力降低,需要母公司加大控制力度,促使子公司参与集团的协同行动。因此,提出以下研究假设。

H22:外部环境慷慨性会调节母子公司管控程度对协同效应的影响。当慷慨性较低时,母公司降低管控程度,有利于协同效应的实现;当慷慨性较高时,母公司增加管控程度,有利于协同效应的实现。

在慷慨性较低的环境中,一方面,同行企业间的产品同质化严重;另一方面,企业在技术上的进步会很快扩散到竞争对手,这将迫使企业加快新产品的研发速度(D'Aveni,1994;Eisenhardt,2007),[2][3] 这就需要加强与集团内其他成员企业的沟通,从而进行知识转移和资源共享,必须提高非正式交流的频率(Gupta and Govindrajan,1991)。[4] 在慷慨性较高的环境中,子公司会相对容易地获取高绩效,母公司也会倾向于减少对子公司的控制,在管控方式上会设置较高的财务指标,只要子公司完成考核指标就不会过多地干预子公司的经营,允许子公司有更大的灵活性。因此,提出以下研究假设。

H23:环境慷慨性会调节母子公司管控方式对协同效应的影响。

---

[1] 王宇,余容. 外部环境复杂性和敌意性对上市公司战略变化的影响[J]. 管理观察,2008(8):50-51.

[2] D'AVENI R A. Hypercompetition [M]. New York: Free Press, 1994.

[3] EISENHARDT K M. Making Faststrategic Decisions in High-velocity Environments [J]. Academy of Management Journal, 2007 (32): 543-576.

[4] GUPTA A K, GOVINDRAJAN V. Knowledge Flows and the Structure of Control within Multinational Corporations [J]. Academy of Management Journal, 1991 (16): 768-792.

H23a：当环境慷慨性较低时，母公司更多采用非正式管控方式，有利于协同效应的实现。

H23b：当环境慷慨性较高时，母公司更多采用正式管控方式，有利于协同效应的实现。

6.1.2.3 环境复杂性的影响

环境复杂性主要指环境因素的异质性。外部环境的异质性越高，组织面临的外部信息越多，企业需要更多的管理决策来处理外部环境问题。环境复杂性是指与组织运作高度相关的那些活动的异质性和范围。[1] Aldrich（1979）提出，环境复杂性要从多个维度进行解释：①相互作用的单元数量；②组织需要的专门或复杂的知识来应对复杂性的程度。[2] 环境复杂性可以从两个维度进行测量：环境要素的同质性或异质性，以及组织内部单位的集中或分散程度。[3] 当外部环境的复杂性较高时，企业需要更多的管理决策来处理外部环境问题，将会限制"CEO掌握和理解环境要素之间关系的认知能力"。[4] 组织管理活动的多样化增强时，应该更多地分权。[5] Baliga 和 Jaeger（1984）也持有同样的观点，他们认为复杂环境引起组织成员不确定性提高，这将提高母公司对子公司的委托授权程度。[6] 所以当环境复

---

[1] CHILD J. Organization Structure, Environment and Performance: The Role of Strategic Choice [J]. Sociology, 1972 (6): 1-22.

[2] ALDRICH H E. Organizations and Environments [M]. Englewood Cliffs: Prentice Hall, 1979.

[3] DESS G G, BEARD D W. Dimensions of Organizational Task Environments [J]. Administrative Science Quarterly, 1984, 29 (1): 52-73.

[4] TUNG R L. Dimensions of Organizational Environments: An Exploratory Study of Their Impact on Organization Structure [J]. Academy of Management Journal, 1979, 22 (4): 672-693.

[5] CHANDLER A D. Strategy and Structure: Chapters in the History of the American Industrial Enterprise [M]. Cambridge: MIT Press, 1962.

[6] BALIGA B R, JAEGER A M. Multinational Corporations: Control Systems and Delegation Issues [J]. Journal of International Business Studies, 1984, 15 (2): 25-40.

杂性程度较高时,母公司要赋予子公司更多的自主权。从内部单位分散程度来看,集团公司内部单位越分散,母子公司之间越难以进行快速有效的沟通,母公司就越应当放权给子公司,正所谓"将在外,君命有所不受"。所以,公司外部环境复杂性较高时,子公司自主权越高越有利于提升其经营绩效;而环境复杂性较低时,企业只需要较少的管理决策活动,且内部单位比较集中,便于管理,母公司适当提升其对子公司的管控,有利于相应地降低管理成本。据此,提出假设 H24。

H24:环境复杂性会负向调节母公司对子公司的管控程度与协同效应之间的关系。

罗来军(2010)在研究跨国公司子公司的管控时认为,当跨国公司的国际化经营环境复杂性增强时,跨国公司对子公司的组织要求增加个性。Baliga 和 Jaeger(1984)指出文化控制实施程度与母公司对子公司的委托授权程度紧密联系,对子公司较高的授权可能出现内部人控制现象,而文化控制较之其他控制手段,能够使子公司经理人对母公司产生"道德承诺",提高他们对母公司的忠诚度,从而降低了控制成本。[1] 因此,当外部环境复杂性较高时,母公司应通过制定统一的规章制度、统一的形象设计等对子公司进行管控;对子公司的具体事务管理则应减少干预。据此,提出以下研究假设。

H25:环境复杂性会调节母子公司管控方式与协同效应之间的关系。

H25a:环境复杂性较高时,母公司对子公司越多采用正式管控,越有利于实现协同效应。

H25b:环境复杂性较低时,母公司对子公司越多采用非正式管控,越有利于实现协同效应。

---

[1] BALIGA B R, JAEGER A M. Multinational Corporations: Control Systems and Delegation Issues [J]. Journal of International Business Studies, 1984, 15 (2): 25–40.

6.2 研究设计

6.2.1 样本来源

本研究的数据样本与 3.2.1 小节内容一致，均为发放问卷 297 份，收回有效问卷 87 份，有效率为 29.3%。问卷设计过程中的预调研以及问卷数据缺失处理均与 3.2.1 小节内容一致，在此不做赘述。

6.2.2 变量测量

6.2.2.1 环境

对环境的测量按照 Dess 和 Beard（1984）的观点，并结合 Porter（1980）的五力模型理论设计量度外部环境题项。分别设计李克特五级量表测量环境动态性、环境慷慨性和环境复杂性，三者的 Cronbach's α 分别为 0.755、0.647、0.63。具体题项设计均与 3.2.2 小节内容描述一致，在此不做赘述。

6.2.2.2 母子公司管控

母子公司管控分为管控程度和管控方式。前者参考 Lovett 等人（2009）的量表并适当扩展，设计李克特五级量表测量，Cronbach's α 为 0.881。后者分为正式管控和非正式管控两大类。正式管控通过集团公司制定详细的制度流程来管理子公司和对执行情况进行监督，以及子公司定期向集团公司汇报经营情况；Cronbach's α 为 0.817。非正式管控通过调查子公司高管、中层、普通员工和新员工参加集团召开的会议情况，以及集团领导是否经常视察子公司进行测量；Cronbach's α 为 0.683。具体题项设计均与 3.2.3 小节内容描述一致，在此不做赘述。

6.2.2.3 协同效应

参照 Larsson 和 Finkelstein（1999）的测量方法，调查子公司与其他成员企业之间在生产、营销等方面进行协同的收益情况。所有题项均采用五级量表，-1表示收益为负，0代表没有收益，1代表收益较少，2代表收益较多，3代表收益很多。根据正式调查数据分析，本构念Cronbach's α 为0.84。

6.2.2.4 控制变量

控制变量为子公司行业、性质、规模、发展阶段，集团公司规模、发展阶段。子公司行业包括制造业、服务业和农林牧渔业；子公司性质包括全资子公司、绝对控股子公司、相对控股子公司、参股子公司、挂靠子公司；企业规模（包括子公司和集团公司）通过企业员工数量和销售额测度；企业的发展阶段分为刚刚起步、快速发展、成熟稳定、业务收缩四个阶段。

6.2.3 检验模型

为了检验本研究中外部环境和企业战略对母子公司管控与公司绩效之间关系影响的假设，采用三个模型进行层次回归。在模型1中只放入控制变量来检验其与协同效应的关系，见式（6-1）；在模型2中进一步放入环境变量和管控变量，检验主效应是否显著，见式（6-2）；在模型3中分别放入各个调节变量与自变量的交互项（在计算交互项时，先对自变量和调节变量进行标准化处理），见式（6-3）。分别检验环境维度和管控的交互项回归系数的显著性及放入交互项前后 R^2 的变化（ΔR^2）。

$$SYN_1 = \alpha_0 + \alpha_1 IND + \alpha_2 SUB + \alpha_3 S\_SIZE + \\ \alpha_4 P\_SIZE + \alpha_5 S\_STAGE + \alpha_6 P\_STAGE + \varepsilon_1 \quad (6-1)$$

$$SYN_2 = \beta_0 + \beta_1 IND + \beta_2 SUB + \beta_3 S\_SIZE + \beta_4 P\_SIZE + \\ \beta_5 S\_STAGE + \beta_6 P\_STAGE + \beta_7 DYN + \beta_8 COM + \beta_9 MUN + \\ \beta_{10} CON\_D + \beta_{11} CON\_S + \beta_{12} CON\_UNS + \varepsilon_2 \quad (6-2)$$

$$SYN_3 = \gamma_0 + \gamma_1 IND + \gamma_2 SUB + \gamma_3 S\_SIZE + \gamma_4 P\_SIZE +$$
$$\gamma_5 S\_STAGE + \gamma_6 P\_STAGE + \gamma_7 DYN + \gamma_8 COM + \gamma_9 MUN +$$
$$\gamma_{10} CON\_D + \gamma_{11} CON\_S + \gamma_{12} CON\_UNS + \gamma_{13i} CON\_D \cdot E_i +$$
$$\gamma_{14i} CON\_F \cdot E_i + \gamma_{15i} CON\_IF \cdot E_i + \varepsilon_{3i}$$
(6-3)

其中，ε_1，ε_2，ε_{3i}为随机扰动项；$i=1$，2，3，分别对应E_i为DYN，COM，MUN。

6.3 实证检验与讨论

6.3.1 描述性统计分析

样本的行业分布情况和子公司性质分布情况均与3.3.1.2小节所描述的样本特征一致（见表3-2和表3-3），在此不做赘述。

表6-1给出了本研究中各变量的最小值、最大值、均值和标准差。

表6-1 样本中各变量的最小值、最大值、均值和标准差

变量	最小值	最大值	均值	标准差
子公司规模	1.50	5.00	3.5482	0.97532
母公司规模	1.00	5.00	3.4464	1.00005
母公司发展阶段	1.00	5.00	2.738	0.5930
子公司发展阶段	1.00	4.00	2.476	0.6858
环境动态性	1.14	4.43	3.0892	0.70373
环境慷慨性	1.75	5.00	3.5030	0.68150
环境复杂性	2.00	5.00	3.4828	0.59771
管控程度	1.15	4.77	2.7984	0.85278
正式管控	1.00	5.00	3.7011	1.05781
非正式管控	1.25	5.00	3.4914	0.81719
协同效应	0.00	3.00	1.6466	0.59055

6.3.2 假设检验与讨论

表6-2给出了本研究各变量的相关系数。

表6-2 样本中各变量的相关系数

变量	子公司所在行业	子公司性质	子公司规模	母公司规模	母公司发展阶段	子公司发展阶段	环境动态性	环境慷慨性	环境复杂性	管控程度	正式管控	非正式管控
子公司性质	0.059											
子公司规模	0.217*	0.027										
母公司规模	0.088	0.114	0.534**									
母公司发展阶段	0.042	0.114	−0.009	0.153								
子公司发展阶段	−0.151	0.106	0.167	0.235*	0.126							
环境动态性	−0.199	−0.140	0.021	0.018	0.121	0.146						
环境慷慨性	−0.010	−0.107	0.118	0.082	0.172	0.162	0.390**					
环境复杂性	−0.261*	−0.150	−0.267*	−0.087	0.092	−0.026	0.296**	0.361**				
管控程度	0.169	−0.042	0.064	−0.050	0.036	−0.034	0.088	0.180	0.014			
正式管控	−0.038	−0.085	0.054	0.079	0.033	−0.080	0.035	0.136	−0.057	0.344**		
非正式管控	0.183	0.051	−0.086	−0.033	0.055	−0.139	0.100	0.094	−0.008	0.239*	0.382**	
协同效应	−0.156	−0.168	0.138	−0.010	−0.067	−0.077	0.068	0.131	0.100	0.249*	0.394**	0.055

注: *表示 $p<0.05$, **表示 $p<0.01$。

表6-3给出了本研究实证检验的回归结果。因变量为协同效应,表中M1列为控制变量对协同效应的影响回归结果,M2列为增加了自变量后,主效应的回归结果,M3-1、M3-2、M3-3列为分别放入环境动态性、环境慷慨性和环境复杂性与管控(包括程度和方式两个维度)的交互项后调节效应的回归结果。

表6-3 回归结果:主效应与调节效应

变量	M1	M2	M3-1	M3-2	M3-3
子公司所在行业	-0.212+	-0.178	-0.206+	-0.200+	-0.161
子公司性质	-0.139	-0.083	-0.058	-0.100	-0.134
子公司规模	0.249+	0.241+	0.281*	0.322*	0.270*
母公司规模	-0.080	-0.102	-0.136	-0.141	-0.111
母公司发展阶段	-0.014	-0.047	-0.030	-0.036	-0.026
子公司发展阶段	-0.115	-0.078	-0.112	-0.109	-0.060
环境动态性		-0.027	-0.061	-0.048	-0.024
环境慷慨性		0.022	0.040	0.052	0.039
环境复杂性		0.115	0.164	0.135	0.121
管控程度		0.147	0.093	0.127	0.135
正式管控		0.350**	0.334**	0.288*	0.291*
非正式管控		-0.067	-0.058	-0.013	-0.044
环境动态性×管控程度			0.201+		
环境动态性×正式管控			0.085		
环境动态性×非正式管控			-0.109		
环境慷慨性×管控程度				0.052	
环境慷慨性×正式管控				0.182	
环境慷慨性×非正式管控				-0.169	
环境复杂性×管控程度					-0.066
环境复杂性×正式管控					0.205+
环境复杂性×非正式管控					-0.233*
Adjusted R^2	0.034	0.150	0.157	0.165	0.181
F	1.503	2.266*	2.071	2.131*	2.266
ΔR^2	0.101	0.167	0.036	0.042	0.055

注:$N=87$;+ 表示 $p<0.1$,* 表示 $p<0.05$,** 表示 $p<0.01$。

假设 H18 认为母公司对子公司的管控程度会对集团内的协同效应有正向影响，从检验结果（表6-3 M2列）来看，这一假设没有得到验证。进一步说明，要实现协同效应，母公司对子公司的管控应根据内外部的环境情况进行权变。假设 H19 认为越多采用正式管控方式越有利于实现协同效应，根据表6-3 M2列的结果，这一假设得到验证，回归系数为0.350，在 $p<0.01$ 的置信水平上显著。

假设 H20~H25 均为环境调节作用的假设。其中，假设 H20 认为环境动态性会调节母子公司管控程度与协同效应之间的关系。从检验结果看，环境动态性与管控程度的交互项回归系数为0.201，在 $p<0.1$ 的置信水平上显著（见表6-3的M3-1列）。在放入交互项后，R^2 增加了3.6%，假设 H20 得到验证。环境动态性对管控程度与协同效应之间关系的作用如图6-1所示（图中虚线和实线分别表示环境动态性较低和较高时，管控程度与协同效应的关系）。在子公司外部环境变化较快时，母公司要追求协同效应，就应增加对子公司的管控程度。但在具体的管控方式方面，本研究的假设没有得到验证，从表6-3的M3-1列来看，环境动态性对正式和非正式管控方式与协同效应之间关系的作用均不显著。假设 H21 没有得到验证。

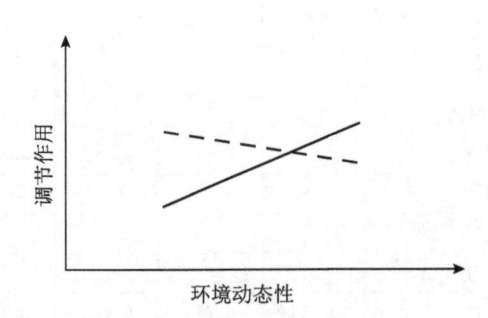

图6-1　环境动态性对管控程度与协同效应的调节作用
数据来源：表6-3。

假设 H22 和 H23 假定环境慷慨性会调节母子公司管控与协同效应的关系，从研究结果（见表 6-3 的 M3-2 列）来看，这两个假设都没有得到验证。本研究认为当环境慷慨性较低时，如果子公司的业务是集团内的金牛业务，母公司会加强管控来保证其为集团提供现金流。但从子公司的管理事务来看，子公司的行业和企业管理水平均处于成熟阶段，需要母公司进行管理的机会并不多，即母公司不用增加管控程度就可以从子公司获取利润支持新业务发展。因此这些假设均没有得到验证。

假设 H24 认为环境复杂性会调节管控程度与协同效应的关系。回归结果（见表 6-3 的 M3-3 列）显示，交互项 t 检验的结果不显著。本研究认为环境复杂性是指环境中影响子公司的各类因素多寡，环境复杂性较高时子公司需要处理的环境因素较多，母公司全面了解子公司的环境情况需要花费较多时间。但是一旦母公司全面了解了子公司的各类环境因素，在环境变化不大的情况下，母公司就可以对子公司进行有效的管控。或者存在这种情况——母公司领导是从该子公司提拔上去的，对子公司环境复杂性非常了解。这时母公司也可以对子公司进行较高程度的管控。

假设 H25 认为环境复杂性会调节管控方式与协同效应的关系。从回归结果（见表 6-3 的 M3-3 列）来看，环境复杂性与正式管控的交互项回归系数为 0.205，在 $p<0.1$ 的置信水平上显著，环境复杂性与非正式管控的交互项回归系数为 -0.233，在 $p<0.05$ 的置信水平上显著。放入交互项后，模型的解释程度增加，ΔR^2 为 5.5%。环境复杂性对管控方式与协同效应之间关系的作用如图 6-2 和图 6-3 所示（图中虚线和实线分别表示环境复杂性较低和较高时，管控方式与协同效应的关系）。

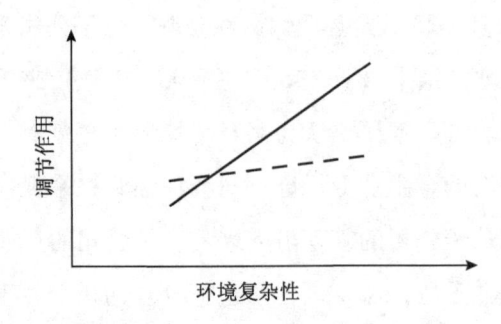

图 6-2　环境复杂性对正式管控与协同效应的调节作用
数据来源：表 6-3。

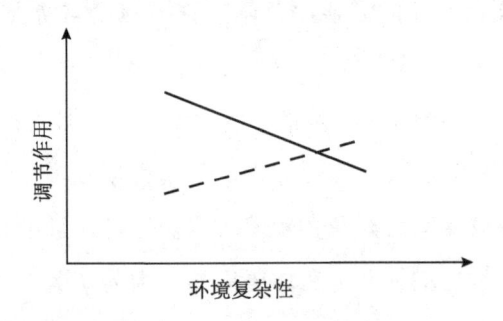

图 6-3　环境复杂性对非正式管控与协同效应的调节作用
数据来源：表 6-3。

6.4　结论与展望

通过上述实证研究，本章得到如下研究结论：企业集团要实现协同效应，必须对子公司进行合理的管控，对子公司的管控程度需要根据环境动态性来调节，对子公司的管控方式要根据环境的复杂程度来调节。当环境动态性较高时，对子公司加大管控程度有利于集团协同效应的实现。当环境复杂性较高时，越多采用正式管控，越有利于实现协同效应；当环境复杂性较低时，越多采用非正式管控，越有利于实现协同效应。

本研究的理论贡献主要体现在两个方面：第一，企业集团要实现协同效应，需要对子公司进行合理的管控；第二，企业集团对子公司管控模式的选择需要根据外部环境的情况进行权变。本研究也存在一定的局限性。首先，本研究的访谈对象是企业的中高层管理人员，问卷设计多数采用量表形式，以主观测评为主，可能存在主观性的评估偏见。如果填答者不能正确感知企业的管控程度、方式以及协同效应等问题，可能会弱化研究结论。其次，研究是在截面数据的基础上进行的，因此在解释因果关系方面存在一定的局限性。考虑到集团公司管控的效果会存在一定的时滞，未来的研究应多采用纵向研究数据，以期获得更加科学清楚的研究结果。

6.5　本章小结

协同效应是企业集团实现持续成长和扩张的重要途径。母公司需要根据外部环境的情况，有效地管控子公司才能保障协同效应的实现。文章通过问卷调查数据研究母子公司管控对企业集团协同效应的影响，并进一步探讨不同的环境状况——动态性、慷慨性和复杂性，会如何调节母子公司管控与协同效应实现的关系。研究发现：母公司采用正式管控有利于协同效应的实现；环境动态性会正向调节管控程度与协同效应实现的关系；环境复杂性会正向调节正式管控与协同效应实现的关系，同时会负向调节非正式管控与协同效应实现的关系。

第 7 章 企业集团权变管控的措施与建议

7.1 企业集团权变管控框架构建

母子公司管控作为保障集团协同效应实现的规范治理和有效控制，是一个系统工程。由于企业集团内部各子公司所处行业环境和自身条件不同，因此对子公司的管控不存在通用或最佳的模式，只有"最适合"的模式，而且母子公司管控还应随着外界因素和内部条件的变化而不断调整。根据本研究的结论可见，集团公司对子公司的管控应根据外部环境、公司现状进行权变，要结合公司的战略设计管控机制，与企业整体战略及子公司业务战略进行整合（见图7-1）。

7.1.1 母子公司管控的权变设计

母公司要努力把握各子公司所处的外部环境，根据外部环境的实际情况，对子公司施以合理的管控。

（1）母公司对子公司的绩效考核应当根据外部环境慷慨性的变化情况进行权变调整。母公司对子公司进行考核的目的在于改善其工作业绩，提升员工能力，自下而上地达成公司的经营目标。但在外部环境变化迅速的今天，子公司在执行经营计划的过程中，外部环境的慷慨性可能会发生变化。当环境慷慨性降低时，子公司即使付出很大的努力可能依然无法完成预设经营目标；而当环境慷慨性提升时，子公司则可以很轻松地完成预设经营目标。因此，母公司对子公司的考核应以环境慷慨性的变化进行权变调整，当环境慷慨性降低时适当降低考核标准，当环境慷慨性提升时适当提高考核标准，尽量保证子公司员工付出同等努力时得到同样的考核结果。

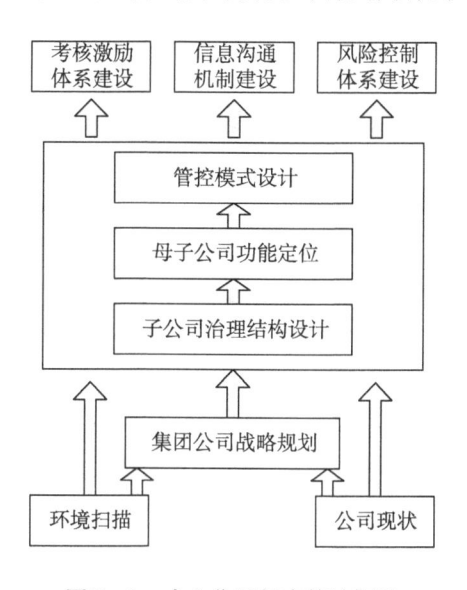

图 7-1 企业集团权变管控框架

（2）母公司对子公司的管控程度不应当"一刀切"，而应根据不同子公司外部环境的复杂性情况做出不同选择。在一个集团公司内部有众多的子公司，不同的子公司所面临外部环境的复杂程度有较大差异。有的子公司外部环境复杂性较高，母公司难以及时地把握环境的细节问题，这时赋予其更多的自主权，更加有利于子公司提升经营绩效。而对那些外部环境较为简单同质的子公司，母公司则可以对其进行更多管控，通过较多的资源共享提升公司绩效。

（3）母子公司管控要根据子公司规模的变化而进行调整。子公司的规模发生变化时，其所面临的外部环境复杂性也会发生变化，母公司应适度调整对子公司的管控程度。外部环境的复杂性不仅指环境的同质性或异质性，还包括企业内部单位的集中或分散程度。随着子公司经营规模发展，业务范围不断扩大，需要在不同的地理区域开拓业务，子公司内部单位变得更加分散，外部环境复杂性增加，此时母公司降低对子公司的管控程度，赋予其更多的自主权，有利于提升公司绩效。

7.1.2 母子公司管控的战略整合

管控体系是企业战略与执行的中间桥梁，只有与企业战略相匹配的集团管控体系才能帮助集团获得良好的战略执行效果。为了进行有效的战略整合，母公司作为调度中心，应统筹运用管控机制，优化配置企业资源，以提高企业集团的整体运营效率。

（1）母公司要结合整个公司的战略及其对子公司的掌控能力，对子公司施以合理的管控。对于专业化经营的企业集团，下属各子公司都从事同一业务，对子公司的管控都基本相同，在这种情况下，母公司完全可以对成员企业实行更多的正式管控。而对于多元化经营的企业集团来说，各子公司分别处于不同的行业，各行业有着不同的特点，在管控体系设计上也应有所不同。对于业务运营比较复杂、经营决策差异较大的子公司，母公司应侧重于分权管控。对于业务运营比较单一、经营决策相对简单的子公司，母公司可适度提升对其正式管控水平。

（2）母子公司管控应根据集团规模的变化而进行调整。企业规模会影响集团公司的管理幅度和范围。在企业集团的发展早期，规模相对较小，子公司数量少，母公司的管理能力足以对各子公司实行集权管控。随着企业规模的不断扩大，各子公司需要管理和协调的事务越来越多，全部交由母公司来决策会影响决策速度和质量，这就需要母公司逐步放权，向分权管控过渡。

（3）母公司要结合子公司的业务战略及其子公司的运营能力，对子公司施以合理的管控。对于采用差异化战略的子公司，其关键是企业要具备较高的运营效率，母公司不应该对其采取较多的非正式管控，因为这可能会降低它们的运营效率。对于差异化经营的子公司，因为它们面对的市场及生产的产品个性化较强，采用统一的正式管控方式显然不利于公司的个性化发展，应更多采用非正式管控，从而有利于提升绩效。

7.2 企业集团管控中存在的主要问题

如第 1 章引言中所述，经过多年发展，我国企业集团取得了巨大的成就，但我国企业集团在发展中存在的问题也同样不容忽视。由于一些历史原因，我国企业集团本身存在一定的缺陷。同时企业规模扩张较快，涉及的经营领域越来越多，再加上企业集团管控涉及战略管理、人力资源管理、财务管理、供应链管理、绩效管理和营销管理等诸多方面，问题纷繁复杂，因此在实际经营过程中，管理者常常有鞭长莫及之感，集团管控问题越来越突出。

7.2.1 集团治理层面存在的问题

（1）股权结构不合理，导致法人治理结构不完善或运行不畅。现代企业制度下的法人治理结构体现为股东大会、董事会、监事会、高管层四者之间的相互制衡关系，结构完善并运行顺畅的法人治理结构是企业保障良好运作和提高质量的重要条件。当前，我国较多的集团公司法人治理结构存在不规范之处，主要原因在于股权结构不合理。有的企业一股独大，大股东持有股份占总股本的比例过半，有的甚至高达65%以上，股东会、董事会常被大股东控制，众多的中小股东难以通过股东大会或董事会行使自己的权利。有些企业集团的股权多元，但是股权结构复杂，投资层级较多，股本来源复杂离散，经常存在多元利益难以调和的情况，降低了集团母公司层面的全局管控能力，最终导致资本运作效益低下。

（2）出资人、集团、子公司三级权责界定不清。有些企业集团出资人、集团、子公司（子集团）三级权限界定不清，特别是一些产业园区的管委会，没有完成行政管理到资本管理的转变，存在管委会（出资人）直接代管集团公司事务、母公司直接代管子公司事务的现象。还有的企业出资人只负责提供资本，其余一概不管，将自己打造成纯出资人，不利于整个集团内部资源整合，形成协同效应。

（3）治理结构不健全或运行失效。有些企业集团治理结构不健全，虽然建立了董事会、监事会，但未设置专业委员会，导致决策专业化受限。有的企业虽然建立了完善的治理结构，但实际运转中，董事会、监事会的工作没有做实，子公司也没有建立对应的治理结构。集团公司的重大决策往往受出资人行政意志影响，甚至有些出资人直接插手企业集团子公司事务，有的子公司直接接受集团母公司出资人指令，导致各级董事会作用失效，集团公司的管理系统失灵。

7.2.2 集团管理层面存在的问题

（1）集团内部主体功能定位不清晰，或存在职能盲区。有些企业集团没有整体的价值定位进行控制模式设计,母公司、子公司、孙公司之间的组织与职能条线对接体系不明确。有的集团总部部分职能缺失,如缺少投资职能和审计稽查职能,人力资源开发利用职能弱化,缺少董事会的专业委员会等,这些都会加大集团多元化经营的风险。有的集团总部没有做实,空心化、文职化情况较为严重,总部的职能部门忙于操作性事务,不具备对下属子集团提供指导服务和资源共享的能力,难以实现对整个集团内部各业务板块的战略引领和资源整合,更不用提价值创造了。这将导致要么母公司越管越多,要么母公司越管越少,在两个极端之间游走,很难找到平衡点,出现"一抓就死,一放就乱"的现象。

(2)母子公司之间缺乏有效的沟通协调机制。信息的流通与反馈对企业至关重要,是一个企业不断成长、长盛不衰的关键因素,对规模庞大的企业集团而言,更是如此。有效的沟通协调机制能够帮助集团公司内部管理控制流程顺畅运转。若企业内部信息上传下达不顺畅、不及时,就会使企业指挥失灵,陷于瘫痪。企业集团要提高内部控制的效果和效率需要建设良好的内部信息机制。当前,我国企业集团普遍利用信息系统辅助管理,但尚未形成集团化的集成管理系统,各类信息资源在集团公司内部共享受限,导致相关人员不能充分、及时地了解工作所需的信息,影响工作质量和效率。在集团公司层面,如果作为参谋的集团职能部门缺乏信息共享和沟通平台,就会导致它们掌握的信息不够全面,对子公司的认知不够统一,必然会妨碍其参谋角色的有效发挥。

(3)激励体系不够健全,人力资源控制难度较大。当前,很多企业集团的激励体系仅限于集团总部人员的绩效考核、薪酬发放和岗位管理,模块、功能设置不全,未对集团成员企业提供价值化指导。还有的企业集团缺乏系统的中长期激励体系,未将集团员工与集团本身实行利益捆绑,建立基于业绩增长的双赢机制。母公司、子公司、孙公司缺乏自上到下、逐步分解落实的一体化考核体系,未能将目标考核、竞争激励和监督制约融于一体,建立长效的考核激励机制。

(4)内部监督和风险控制体系缺失。企业集团都是规模庞大的企业组织,如果缺乏有效的内部监督手段,就难以将下属企业的各种经营活动纳入统一的集团战略中。我国企业集团审计的重点仍侧重于财务审计,审计的手段落后,导致审计监督形式化,内部审计的独立性较低。另外,集团企业监督重事后、轻事前,缺乏贯通母子公司的监督机制,并且监事会的监督失灵。受历史原因的影响,有的企业集团改制时,组织变革不规范、不彻底,对子公司放权过多,没有设立有效的管控机制,导致子公司运营权力高度集中在主要经营者手中;同时,由于后期也没有建立合理的监督制约机制,子公司依然处于放任状态,增加了集团资本的市场风险和管理风险,必然导致大量的经营失败,影响了集团的整体价值创造。

7.3 提升集团管控水平的对策建议

综上所述,理顺和解决企业集团的问题刻不容缓。在我国尚未形成相关法律、法规的情况下,需要广大理论研究者和企业实践者去积极探索,寻求完善和规范的企业集团母子公司管理方式方法和有效手段,以推动我国企业集团的健康稳定发展。

7.3.1 治理层面的对策建议

(1)明确出资人、母公司和子公司的法人治理责权边界。要明确集团成员和相关利益者的出资关系,建立资本联结纽带,完善法人治理结构的权责边界，规范出资人和集团成员的权利和义务。企业集团母公司的出资人依据其持有的股权对企业集团母公司行使出资人权利，按照法律规定行使相应权利，依法享有选择经营管理者的权利，并对其进行监督、考核。在企业集团内部，母公司作为子公司的出资人，依据其持有的股权，按照《公司法》规定的程序和权限对子公司行使重大决策权，依法享有选拔聘用经营管理者的权利，并对其管理工作进行监督、考核。而作为被投资企业的母（子）公司，应当切实维护出资人的合法权益，为出资者收益最大化做出自己应有的贡献。

（2）建立务实高效的集团董事会，保障出资人利益和集团公司高效运转。在集团公司内部，为了实现资源共享，优势互补，战略协调统一，母公司董事会要充分发挥作用。在子公司管理方面，母公司作为控股股东，要依据公司章程规定，借助子公司法人治理结构，参与子公司的管理决策。母公司选派合适人员担任子公司的董事、监事，以此组成子公司的董事会、监事会，确保子公司董事会真正维护母公司作为投资者的合法权益。对于全资的子公司，母公司可进一步对它实行产权管理，母公司可委派和聘任相关人员担任全资子公司的主要领导，并对其进行考核和奖惩。

（3）健全董事会的专业委员会职能，做实集团总部治理。企业集团母公司可以根据需要设立战略投资委员会、提名委员会、审计委员会、薪酬与考核委员会等，通过专业委员会来充分发挥董事会的作用，提高集团公司决策能力和水平，有效降低集团多元化经营的决策风险。各专业委员会要组织相关人员对子公司的经营状况进行分析研究，及时监控一些反映企业经营状况的关键指标和事项，如资产负债率、大额借贷、提供担保、库存积压等，要特别予以注意，一旦发现实际工作中出现了偏差，要及时采取对应措施进行纠偏。

(4) 充分发挥监事会作用，保障集团资产安全。为了保障集团投资资产安全、增值，母公司要对子公司的财务活动和资产运行状况进行监督。由所有者代表、政府主管部门、社会中介组织和职工个人代表组成监事会，监督经营层的经营水平和业绩，监督管理层按照国家方针政策开展各项工作，按时检查集团公司确立的经营方针和重大经营决策在子公司的执行情况。提高监事会运作效率，适度扩大监事会的监察范围，强化其财务监督权、职务监察权、损害行为纠正请求权等，通过规范的流程保证其权利实现。

7.3.2 管理层面的对策建议

(1) 明确母公司、子公司的角色和功能定位。企业集团要在确保整体的价值创造体制机制有效运转的同时，对子公司进行有效管控，就必须做好总部和成员企业的功能定位，清楚各部门或子公司的权利责任，这是实现企业集团有效管控的关键所在。一般而言，母公司是投融资中心、决策中心、服务和监督中心、制度输出中心，子公司是利润中心。但在具体设计的过程中，母公司要根据集团公司的实际情况规划母子公司的功能定位。例如，处在不同生命周期阶段的子公司，其战略目标是不同的，因而对其采取的管控模式也应不同。

(2) 合理规划设计子公司的管控模式。母公司要根据外部环境情况、企业战略规划和子公司实际状况，合理规划设计对子公司的管控模式，以此确保在尊重子公司作为独立法人享有的生产经营自主权的基础上，充分发挥母公司的主导作用，并调动子公司的积极性。对于子公司来说，既要充分行使作为独立法人享有的企业生产经营自主权，又要担当起集团内部成员企业的角色和义务，服从母公司的整体规划，自觉接受母公司的监管，确保企业集团整体发展目标和协同效应的实现。

（3）建立健全集团公司管理体系，提升管理效率。要实现企业集团的有效管控，就要在明确母子公司功能定位、合理设计管控模式的基础上，建立健全集团公司管理体系。母公司要做好整个集团的战略规划和制度安排，子公司做好配合性运作和操作性执行。集团公司应在内部控制、业绩考核、制度流程化、信息管理系统等多方面加强对子公司的管控力度，做到管理标准化、集中化；集团控制力逐层深入，在集团内部形成统一的管控标准，明确集团内部各个层级的职责定位，确保公司综合部门与专业部门之间的职责清晰，结构优化。

（4）加强集团信息化建设，提升集团公司的沟通协调水平。构建符合整体业务模式的 ERP 系统、绩效管理平台、运营决策分析平台。未开展集团信息化整体建设的集团公司，可考虑先搭建绩效管理信息化平台，通过这个平台搭建倒逼集团重新规划绩效管理体系，以突破"以绩效考核替代绩效管理"阶段，并可以把集团目标管理的"计划、实施、检查、措施"全过程植入绩效管理信息化平台，使公司绩效管理效率和效果得到提升，促进公司管理上一个新台阶。

（5）设置有效的绩效考核体系，调动子公司的工作积极性。母公司要将集团公司的中长期战略目标进行分解，在时间上将中长期战略目标分解成阶段性目标和短期目标，按集团内部业务板块和部门划分将集团经营目标分解成各业务板块或子公司经营目标及职能部门目标，保证年、季、月度计划和子公司部门项目计划等各类计划必须围绕集团公司中长期战略目标来制订。在计划执行过程中要及时跟踪，发现偏差要及时纠偏；计划执行完成后，要有检查、有奖惩，总结经验和教训，提出整改措施。

（6）健全财务监控体系，加强集团内部控制建设。企业集团战略目标是以财务指标为核心，要实现财务指标，财务管控机制必不可少。企业集团及各子公司要完善财务工作职能，规范财务核算体系。企业集团要将财务管理的健全视为财务指标完成的关键驱动因素，建立一支素质过硬的财务核算、财务绩效管控的专业队伍，完善财务核算和财务管理制度，在优化集团盈利模式、营业收入和成本费用管控、优化纳税、投融资、资产资金管理、财务分析及经营决策支持、规范经济合同及经济行为等方面发挥关键作用，有力支持企业集团经营目标及战略目标的实现。

第 8 章　结论与展望

8.1　研究结论

通过上述实证研究，本研究得到以下研究结论。

（1）企业的外部环境会调节母子公司管控对公司绩效的影响。当子公司面临的外部环境慷慨性较高时，母公司对子公司越多采用非正式管控越有利于提升集团整体绩效。当子公司面临的外部环境复杂性较低时，母公司对子公司越多采用正式管控越不利于提升集团整体绩效。

（2）母子公司管控方式与多元化战略的整合效果会影响公司绩效。根据实证检验结果可知，当企业集团多元化程度较低时，母公司对子公司越多采用正式管控越有利于提升集团绩效。子公司的多元化程度也能带来同样的调节效应，即当子公司多元化程度较高时，母公司对子公司越少采用正式管控越有利于提升集团绩效。

（3）母子公司管控与子公司业务战略的匹配会影响公司绩效。根据实证检验结果可知，当子公司采用低成本战略时，母公司对子公司越少采用非正式管控越有利于提升集团绩效。当子公司采用差异化战略时，母公司对子公司越多采用非正式管控越有利于提升集团绩效。

8.2 研究的局限性

本研究的局限性主要来自于研究范围和样本数据两个方面。

(1) 研究范围的局限。本研究在探讨母子公司管控的影响因素时，仅考虑了外部环境的权变影响和战略整合两个方面，同时把企业规模和发展阶段等作为控制变量，没有深入分析企业的其他特性对母子公司管控的权变影响，如企业家的风格。此外，对于母子公司管控的后项，本研究只考虑了集团整体绩效，没有更加深入地探讨母子公司管控对创新能力、运营能力、发展能力和经理人满意度等方面的问题。

(2) 样本数据的局限。在样本选择方面，虽然已尽力扩大调查范围，但由于实证调研获取数据，尤其是合格数据的难度较大，本研究的数据收集只面向子公司，且主要来自山东、河南的企业集团。因此，样本选择和样本数量的局限性可能造成研究结论的普遍性有所不足。同时，本研究的实证检验采用的是横截面数据，变量间的因果关系主要是由理论及相关文献推导而得。如果要更好地探讨变量间的因果关系，需要研究各个变量在纵向时间上的变化。这也是本研究的局限所在。

8.3 研究的展望

在本研究的基础上，未来的研究可从以下几个方面深入。

(1) 进一步探讨其他组织因素对母子公司管控的权变影响。如前所述，本研究仅考虑了环境与战略的权变影响，未来的研究可以考虑更多的权变影响因素，如企业家的管理风格、企业的性质。在我国情境下，企业家的管理风格对企业的经营管理起着非常大的作用。有些企业家善于把握细节，事必躬亲，在集团管控当中倾向于较高的管控程度；而有的企业家更善于抓大放小，在集团管控中倾向于较低的管控程度。另外，在我国的国有企业和民营企业的母子公司管控也可能存在差异。那么母子公司管控如何与企业家风格或企业性质匹配才能更好地提升企业绩效呢？这方面的实证检验还有待研究者来推进。

（2）利用多重证据探讨母子公司管控问题。如前文所述，本研究只面向集团下属的子公司收集数据，可能存在对部分变量认知的误差。未来的研究可以分别从母公司和子公司收集数据，如 Richards 和 Hu（2003）[1] 在研究美国企业对马来西亚和新加坡的子公司管控问题时，从子公司获取管控变量的数据，从母公司获取企业绩效的数据；甚至在面向合资子公司时，面向子公司和多个母公司同时收集数据，从而减少子公司单方面认知的误差。

（3）跟踪子公司的发展，进行纵向研究。为了更好地检验环境或战略与母子公司匹配对企业绩效的影响，可以通过在一段相对长的时间内对同一批样本企业进行重复的研究，从而观察到子公司比较完整的发展过程和发展过程中的一些关键转折点，更好地解释母子公司管控的稳定性问题。

（4）进一步研究母子公司管控的后果。对于母子公司管控的后项，本研究只是笼统地研究了集团绩效。未来的研究可以进一步探讨母子公司管控对企业绩效各个方面的影响，以及对经理人满意度、企业能力等的影响。还可以探讨母子公司管控对集团绩效的影响是否经过其他变量的中介，如协同效应等。

---

[1] RICHARDS M, HU M Y. US Subsidiary Control in Malaysia and Singapore [J]. Business Horizons, 2003, 46 (6): 71-76.

附　录

调查问卷

（内部资料）

尊敬的女士/先生：您好！

（略）

一、公司的外部环境情况

	请根据您对公司外部环境的感知， 为以下各项打分	5：非常同意；1：非常不同意				
A	子公司面临的法律政策经常发生变化	5	4	3	2	1
B	所在行业的制造技术革新速度很快	5	4	3	2	1
C	竞争对手经常发生变化	5	4	3	2	1
D	供应商经常发生变化	5	4	3	2	1
E	经销商经常发生变化	5	4	3	2	1
F	顾客的需求经常发生变化	5	4	3	2	1
G	经常有公司进入/退出本行业	5	4	3	2	1
H	子公司所在行业增长迅速	5	4	3	2	1
I	子公司所在行业内面临的竞争对手数量很多	5	4	3	2	1
J	子公司所在行业的供应商数量很多	5	4	3	2	1

续表

	请根据您对公司外部环境的感知，为以下各项打分	5：非常同意；1：非常不同意				
K	子公司所在行业的经销商数量很多	5	4	3	2	1
L	市场上子公司产品的替代品很多	5	4	3	2	1
M	竞争对手竞争能力差异很大	5	4	3	2	1
N	子公司行业竞争对手发展战略差异很大	5	4	3	2	1
O	供应商之间的差异（能力和规模等）很大	5	4	3	2	1
P	经销商之间的差异（能力和规模等）很大	5	4	3	2	1
Q	其他行业企业很难进入本行业	5	4	3	2	1
R	各子公司的地理分布非常集中	5	4	3	2	1

二、公司战略

	对于以下公司战略的情况，您在何种程度上表示同意或不同意	5：非常同意；1：非常不同意				
A	母公司经营的行业很多	5	4	3	2	1
B	子公司经营的行业很多	5	4	3	2	1
C	子公司总能提供比竞争对手成本低的产品	5	4	3	2	1
D	子公司总能提供竞争对手不能生产的产品	5	4	3	2	1
E	子公司提供的产品总和竞争对手有差异	5	4	3	2	1
F	子公司生产的产品主要针对某一类顾客	5	4	3	2	1
G	子公司生产的产品主要针对某一地理区域	5	4	3	2	1

三、子公司管控情况

1. 管控程度

	以下决策，在何种程度上由母公司或子公司决定	完全由子公司决定	子公司决定，母公司建议	母子公司共同决定	母公司决定，子公司建议	完全由母公司决定
A	子公司人才招聘	1	2	3	4	5
B	子公司的干部选拔任用	1	2	3	4	5

续表

	以下决策，在何种程度上由母公司或子公司决定	完全由子公司决定	子公司决定，母公司建议	母子公司共同决定	母公司决定，子公司建议	完全由母公司决定
C	子公司产品（或服务）的价格	1	2	3	4	5
D	子公司的成本开支	1	2	3	4	5
E	子公司的投资支出	1	2	3	4	5
F	子公司的年度目标	1	2	3	4	5
G	子公司的广告及促销宣传	1	2	3	4	5
H	子公司的市场选择	1	2	3	4	5
I	子公司新产品开发	1	2	3	4	5
J	子公司产品设计修改	1	2	3	4	5
K	子公司生产流程修改	1	2	3	4	5
L	子公司员工工资及用人政策	1	2	3	4	5
M	子公司的日常管理	1	2	3	4	5

2. 管控方式

	对于以下子公司管控的方式，您在何种程度上表示同意或不同意	5：非常同意；1：非常不同意			
A	子公司新进员工需要在集团内统一培训	5	4	3	2	1
B	子公司高管需要经常参加集团组织的会议	5	4	3	2	1
C	子公司中层需要经常参加集团组织的会议	5	4	3	2	1
D	子公司员工需要经常参加集团组织的会议	5	4	3	2	1
E	集团领导经常视察子公司	5	4	3	2	1
F	集团制定了详细的制度流程来管理子公司	5	4	3	2	1

续表

	对于以下子公司管控的方式，您在何种程度上表示同意或不同意	5：非常同意；1：非常不同意				
G	子公司的制度流程执行受到集团严格监督	5	4	3	2	1
H	子公司向集团公司汇报经营情况的周期	1. 半年或以上	2. 一季	3. 一月	4. 两周	5. 一周或更少

四、公司绩效情况

	和竞争对手相比，您认为以下反映公司绩效的指标处于何种水平	非常好	比较好	一般	比较差	非常差
A	集团公司的销售利润率	5	4	3	2	1
B	集团公司的资产回报率	5	4	3	2	1
C	子公司的市场份额	5	4	3	2	1
D	子公司的销售利润率	5	4	3	2	1
E	子公司的资产回报率	5	4	3	2	1

五、公司基本情况

A	子公司所在行业	服务业	制造业	农林牧渔		
B	子公司属于	全资子公司	绝对控股子公司	相对控股子公司	参股子公司	挂靠子公司
C	子公司员工人数	25人以下	25~300人	301~1000人	1001~2000人	2000人以上
D	集团全部员工人数	300人以下	300~2000人	2001~10000人	10001~10万人	10万人以上
E	子公司年销售额	1000万元以下	1000万~3000万元	3000万~1亿元	1亿~3亿元	3亿元以上

续表

F	集团总体年销售额	3亿元以下	3亿~10亿元	10亿~50亿元	50亿~1000亿元	1000亿元以上
G	母公司发展阶段	刚刚起步	快速发展	成熟稳定	业务收缩	
H	子公司发展阶段	刚刚起步	快速发展	成熟稳定	业务收缩	

参考文献

1. 英文文献

[1] ALDRICH H E. Orgnizations and Environments [M]. Englewood Cliffs: Prentice-Hall, 1979.

[2] AMIHUD Y, LEV B. Risk Reduction as a Managerial Motive for Conglomerate Mergers [J]. Bell Journal of Economics, 1981 (12): 605 – 617.

[3] AMIT R, LIVNAT J. Diversification Strategies, Business Cycles, and Economic Performance [J]. Strategic Management Journal, 1980, 9 (2): 99 – 110.

[4] ANSOFF H I. Corporate Strategy [M]. New York: McGraw-Hill, 1965.

[5] ANTHONY R N, GOVINDARAJAN V. Management Control System [M]. 9 ed. New York: McGraw-Hill/Irwin, 1998.

[6] BALIGA, JAEGER. Multinational Corporations: Control Systems and Delegation Issues [J]. Journal of International Business Studies, 1984, 15 (2): 25 – 39.

[7] BARON R M, KENNY D A. The Moderator-mediator Variable Distinction in Social Psychological Research: Conceptual, Strategic, and Statistical Considerations [J]. Journal of Personality and Social Psychology, 1986, 51 (6): 1173 – 1182.

[8] BARTLETT C A, GHOSHAL S. Tap Your Subsidiaries for Global Reach [J]. Harvard Business Review, 1986, 62 (6): 87 – 94.

[9] BARTLETT C A, GHOSHAL S. Managing Across Borders: The Transnational Solution [M]. Boston: Harvard Business School Press, 1989.

[10] BEARD D W, DESS G G. Corporate-level Strategy, Business-level Strategy and Firm Performance [J]. Academy of Management Journal, 1981 (24): 663 – 688.

[11] BERGER P G, OFEK E. Bustup Takeovers of Value-Destroying Diversified Firms [J]. The Journal of Finance, 1996, 51 (4): 1175 – 1200.

[12] BERGER P G, OFEK E. Diversification's Effect on Firm Value [J]. Journal of Financial Economics, 1995 (37): 39 – 65.

[13] BIRKINSHAW J. Entrepreneurship in Multinational Corporations: The Characteristics of Subsidiary Initiatives [J]. Strategic Management Journal, 1997, 18 (3): 207 – 229.

[14] BIRKINSHAW J. How Subsidiary Mandates are Gained and Lost [J]. Journal of International Business Studies, 1996, 27 (3): 467 – 496.

[15] BIRKINSHAW J, MORRISON A J. Configurations of Strategy and Structure in Subsidiaries of Multi-national Corporations [J]. Journal of International Business Studies, 1995, 26 (4): 729 – 753.

[16] BIRKINSHAW J, HOOD N. Multinational Subsidiary Evolution: Capability and Charter Change in Foreign-owned Subsidiary Companies [J]. Academy of Management Review, 1998 (23): 773 – 795.

[17] BIRKINSHAW J, HOOD N, JONSSON S. Building Firm-specific Advantages in Multinational Corporations: The Role of Subsidiary Initiative [J]. Strategic Management Journal, 1998 (19): 221 – 241.

[18] BIRKINSHAW J, HOOD N. Determinants of Subsidiary Mandates and Subsidiary Initiative: A Three-country Study [M] // LOVERIDGE R. Internationalization: Process, Context and Markets. London: Macmillan, 1997.

[19] BIRKINSHAW J, PEARSON T. Strategy and Management in MNE Subsidiaries [M] //RUGMAN A, BREWER T. Oxford Handbook of International Business Oxford: Oxford University Press, 2001.

[20] BOYD B. Corporate Linking and Organizational Environment: A Test of the Re-

sources Dependence Model [J]. Strategic Management Journal, 1990 (6): 419-430.

[21] BURT R S. Structure: A Network Analysis Program [M]. New York: Columbia University, 1991.

[22] CHANDLER A D. Strategy and Structure: Chapters in the History of the American Industrial Enterprise [M]. Cambridge: MIT Press, 1962.

[23] CHILD J. Organization: A Guide to Problems and Practice [M]. London: SAGE, 1984.

[24] CHOW C W, SHIELDS M D, WU A. The Importance of National Culture in the Design of and Preference for Management Controls for Multi-national Operations [J]. Accounting, Organizations and Society, 1999 (24): 561-582.

[25] CHOW C W, KATO Y, SHIELDS M D. National Culture and the Preference for Management Controls: An Exploratory Study of the Firm-labor Market Interface [J]. Accounting, Organizations and Society, 1994 (19): 381-400.

[26] COMMENT R, JARRELL G A. Corporate Focus and Stock Return [J]. Journal of Financial Economics, 1995 (37): 67-87.

[27] D'CRUZ J R. Strategic Management of Subsidiaries [M] //ETEMAD H, DULUDE L S. Managing the Multinational Subsidiary. London: Croom Helm, 1986: 75-89.

[28] DANIEL S J, REITSPERGER W. Linking Quality Strategy with Management Control System: Empirical Evidence from Japanese Industry [J]. Accounting, Organization and Society, 1991, 16 (7): 601-618.

[29] DATTA D K, RAJAGOPALAN N, RASHEED A M A. Diversification and Performance: Critical Review and Future Directions [J]. Journal of Management Studies, 1991 (28): 529-558.

[30] DAVIS G F, POWELL W W. Organization-environment Relations [M] //DUNNETTE M D, HOUGH L M. Handbook of Industrial and Organizational Psychology. 2nd ed. Palo Alto: Consulting Psychologists Press, 1992: 315-375.

[31] DESS G G, BEARD D W. Dimensions of Organizational Task Environments [J]. Administrative Science Quarterly, 1984 (1): 52-73.

[32] DESS G G, DAVIS P S. Generic Strategies as Determinants of Strategic Group Membership and Organizational Performance [J]. Academy of Management Review, 1984, 27 (3): 467-488.

[33] DOZ Y L, PRAHALAD C K. Patterns of Strategic Control within Multinational Corporations [J]. Journal of International Business Studies, 1984, 15 (2): 55-72.

[34] EISENHARDT K M. Control: Organizational and Economic Approaches [J]. Management Science, 1985, 31 (2): 134-149.

[35] ERICKSON B. The Relational Basis of Attitudes [M] //BERKOWITZ, EDITORS. Social Structure: A Network Approach. New York: Cambridge University Press, 1988: 99-121.

[36] FLOYD S W, WOOLDRIDGE B. Knowledge Creation and Social Networks in Corporate Entrepreneur: The Renewal of Organizational Capability [J]. Entrepreneurship Thoery and Practice, 1999, Spring: 123-143.

[37] GARNIER G H. Context and Decision-making Autonomy in the Foreign Affiliates of U. S. Multinational Corporations [J]. Academy of Management Journal, 1982, 25 (4): 893-908.

[38] GERINGER J M, HEBERT L. Control and Performance of International Joint Ventures [J]. Journal of International Business Studies, 1989, 22 (2): 235-254.

[39] GHAURI P. New Structures in MNCs Based in Small Countries: A Network Approach [J]. European Management Journal, 1992, 10 (3): 357-364.

[40] GHOSHAL S, BARTLETT C A. Creation, Adoption and Diffusion of Innovations by Subsidiaries of Multinational Corporations [J]. Journal of International Business Studies, 1988, 19 (3): 365-388.

[41] GHOSHAL S, BARTLETT C A. The Multinational Corporation as an Interorga-

nizational Network [J]. Academy of Management Review, 1990, 15 (4): 603 – 625.

[42] GHOSHAL S, NOHRIA N. Internal Differentiation within Multinational Corporations [J]. Strategic Management Journal, 1989 (10): 323 – 337.

[43] GHOSHAL S, WESTNEY D E. Organizational Theory and the Multinational Corporation [M]. New York: St. Martin's Press, 1993.

[44] GHOSHAL S. The Innovative Multinational: A Differentiated Network of Organizational Roles and Management Processes [D]. Boston: Harvard Business School, 1986.

[45] GOMEZ-MEJIA L R, BALKIN D B, CARDY R. Managing Human Resource [M]. Upper Saddle River: Prentice-Hall Inc, 1995.

[46] GONG Y. Subsidiary Staffing in Multinational Enterprises: Agency, Resources, and Performance [J]. Academy of Management Journal, 2003, 46 (2): 728 – 739.

[47] GORDON L A, MILLER D. A Contingency Framework for the Design of Accounting Information Systems [J]. Accounting, Organization and Society, 1976, 1 (1): 59 – 69.

[48] GOVINDARAJAN V. A Contingency Approach to Strategy Implementation at the Business-unit Level: Integrating Administrative Mechanisms with Strategy [J]. The Academy of Management Journal, 1988, 31 (4): 828 – 853.

[49] GUPTA A K, GOVINDARAJAN V. Knowledge Flows and the Structure of Control within Multinational Corporations [J]. Academy of Management Review, 1991, 16 (4): 768 – 792.

[50] GUPTA A K, GOVINDARAJAN V. Decentralization, Strategy, and Effectiveness of Strategic Business Units in Multibusiness Organizations [J]. Academy of Management Review, 1986, 4 (11): 844 – 856.

[51] HAMBRICK D C. Some Tests of the Effectiveness and Functional Attributes of Miles and Snow's Strategic Types [J]. Academy of Management Journal,

1983, 26 (1): 5-26.

[52] HAMILTON R D, TAYLOR V A, KASHLAK R J. Designing a Control System for a Multinational Subsidiary [J]. Long Range Planning, 1996, 29 (6): 857-868.

[53] HARRIS M, KRIEBEL C H, RAVIV R. Asymmetric Information, Incentives and Intrafirm Resource Allocation [J]. Management Science, 1982 (28): 604-620.

[54] HARZING A W K. Managing the Multinationals: An International Study of Control Mechanisms [M]. Cheltenham: Edward Elgar, 1999: 21.

[55] HILL. Corporate Control Type, Strategy, Size and Financial Performance [J]. Journal of Management Studies, 1988 (9): 403-417.

[56] HOSKISSON R E, JOHNSON R A, TIHANYI L, et al. Diversified Business Groups and Corporate Refocusing in Emerging Economies [J]. Journal of Management, 2005, 31 (6): 941-965.

[57] JAMES L R, BRETT J M. Mediators, Moderators and Tests Formediation [J]. Journal of Applied Psychology, 1984, 69 (2): 307-321.

[58] JARILLO J C, MARTINEZ J I. Different Roles for Subsidiaries: The Case of Multinational Corporations in Spain [J]. Strategic Management Journal, 1990, 11 (7): 501-512.

[59] JARILLO J C. On Strategic Networks [J]. Strategic Management Journal, 1988 (9): 31-41.

[60] JAUSSAUD J, SCHAAPER J. Control Mechanisms of Their Subsidiaries by Multinational Firms: A Multidimensional Perspective [J]. Journal of International Management, 2006 (12): 23-45.

[61] JENSEN M C. Agency Costs of Free Cash Flow, Corporate Finance, and Takeover [J]. American Economic Review, 1986 (76): 323-329.

[62] JOHANSON J, MATTSON L. Interorganizational Relations in Industrial Systems: A Network Approach Compared with Transaction Cost Approach [J]. Interna-

tional Studies of Management and Organization, 1987, 17 (1): 34 - 48.

[63] KHANDWALLA R N. The Effect of Different Types Competition on the Use of Management Control [J]. Journal of Accounting Reserch, 1972, 10 (2): 275 - 285.

[64] KHANNA T, PALEPU K. Why Focused Strategies May Be Wrong for Emerging Markets [J]. Harvard Business Review, 1997, 75 (4): 41 - 51.

[65] KUMAR K, SUBRAMANIAN R, YAUGER C. Pure Versus Hybrid: Performance Implications of Porter's Generic Strategies [J]. Health Care Management Review, 1997, 22 (4): 47 - 60.

[66] LANG H P, STULZ R M. Tobin's Q, Corporate Diversification and Firm Performance [J]. Journal of Political Economy, 1994 (102): 1248 - 1280.

[67] LAWRENCE P, LORSCH J. Differentiation and Integration in Complex Organizations [J]. Administrative Science Quarterly, 1967, 12 (1): 1 - 47.

[68] LEONTIADES M. The Rewards of Diversifying into Unrelated Businesses [J]. Journal of Business Strategy, 1986, 6 (4): 81 - 87.

[69] LIND E A, TYLER T R. The Social Psychology of Procedural Justice [M]. New York: Plenum Press, 1988.

[70] LOVETT S R, PEREZ-NORDTVEDT L, RASHEED A A. Parental Control: A Study of U.S. Subsidiaries in Mexico [J]. International Business Review, 2009 (18): 481 - 493.

[71] MAIDIQUE M, PATCH P. Corporate Strategy and Technological Policy [C] // TUSHMAN M, MOORE W. Readings in the Management of Innovation. Marshfield: Pitman, 1982: 273 - 285.

[72] MARTINEZ J I, JARILLO J C. The Evolution of Research on Coordination Mechanisms in Multinational Corporations [J]. Journal of International Business Studies, 1989, 20 (3): 489 - 514.

[73] MARTINEZ J I, JARILLO J C. Coordination Demands of International Strategies [J]. Journal of International Business Studies, 1991 (22): 429 - 444.

[74] MILES R E, SNOW C C. Organizational Strategy, Structure and Process [M]. New York: McGraw-Hill, 1978.

[75] MINTZBERG H. Power In and Around Organizations [M]. Englewood Cliffs: Prentice-Hall, 1983.

[76] MORRISON A J, ROTH K. The Regional Solution: An Alternative to Globalization [J]. Transnational Corporations, 1992, 2 (1): 37-55.

[77] OLSON E M, SLATER S F, HULT G T. The Importance of Structure and Process to Strategy Implementation [J]. Business Horizons, 2005, 48 (1): 47-54.

[78] OTLEY D. Performance Management: A Framework for Management Control Systems Research [J]. Management Accounting Research, 1999 (10): 363-382.

[79] OUCHI W G. A Conceptual Framework for the Design of Organizational Control Mechanisms [J]. Management Science September, 1979, 25 (9): 833-848.

[80] PARKER B, HELMS M M. Generic Strategies and Firm Performance in a Declining Industry [J]. Management International Review, 1992, 32 (1): 23-39.

[81] PATERSON S L, BROCK D M. The Development of Subsidiary – Management Research: Review and Theoretical Analysis [J]. International Business Review, 2002, 11 (3): 139-163.

[82] PEARCE R D. The Evolution of Technology in Multinational Enterprises: The Role of Creative Subsidiaries [J]. International Business Review, 1999, 8 (2): 125-148.

[83] PENNINGS J M. The Relevance of the Structural-contingency Model for Organizational Effectiveness [J]. Administrative Science Quarterly, 1975 (20): 393-407.

[84] PETERAF M A. The Cornerstones of Competitive Advantage: A Resource – based View [J]. Strategic Management Journal, 1993 (14): 179-191.

[85] PORTER M E. Competive Strategy: Techniques for Analyzing Industries and

Competitors [M]. New York: Free Press, 1980.

[86] PORTER M E. Changing Pattern of International Competition [J]. California Management Review, 1986, 28 (2): 9 - 40.

[87] PRAHALAD C K, BETTIS R A. The Dominant Logic: A New Linkage between Diversity and Performance [J]. Strategic Management Journal, 1986, 7 (6): 485 - 501.

[88] PRAHALAD C K, DOZ Y L. An Approach to Strategic Control in MNCs [J]. Sloan Management Review, 1981 (22): 5 - 13.

[89] PRAHALAD C K, DOZ Y L. The Multinational Mission: Balancing Local Demands and Global Vision [M]. New York: The Free Press, 1987.

[90] RICHARDS M. Control Exercised by U. S. Multinationals over Their Overseas Affiliates: Does Location Make a Difference? [J]. Journal of International Management, 2000, 6 (2): 105 - 120.

[91] RICHARDS M, HU M Y. US Subsidiary Control in Malaysia and Singapore [J]. Business Horizons, 2003, 46 (6): 71 - 76.

[92] ROTH K, MORRISON A J. Implementing Global Strategy: Characteristics of Global Subsidiary Mandates [J]. Journal of International Business Strategy, 1992, 23 (4): 715 - 735.

[93] ROTH K, SCHWEIGER D M, MORRISON A J. Global Strategy Implementation at the Business Unit Level: Operational Capabilities and Administrative Mechanisms [J]. Journal of International Business Studies, 1991, 22 (3): 369 - 402.

[94] RUGMAN A, VERBEKE A. Extending the Theory of the Multinational Enterprise: Internalization and Strategic Management Perspectives [J]. Journal of International Business Studies, 2003, 34 (2): 125 - 137.

[95] RUGMAN A, VERBEKE A. A Note on the Transnational Solution and the Transaction Cost Theory of Multinational Strategic Management [J]. Journal of International Business Studies, 1992, 23 (4): 761 - 772.

[96] RUGMAN A. Inside the Multinationals: The Economics of Internal Markets [M]. London: Croom Helm, 1981.

[97] RUMELT R P. Diversity and Profitability [J]. Strategic Management Journal, 1982 (3): 359-369.

[98] RUSSELL R D. Developing a Process Model of Intrapreneurial System: A Cognitive Mapping Approach [J]. Entrepreneurship Theory and Practice, 1999, 23 (3): 65-84.

[99] SCHAAN J L. Parental Control and Joint Venture Success: The Case of Mexico [D]. London: University of Western Ontario, 1983.

[100] SHLEIFER A, VISHNY R W. Management Entrenchment: The Case of Manager-specific Investments [J]. Journal of Financial Economics, 1990 (25): 123-139.

[101] SIMONS R. The Role of Management Control Systems in Crating Competitive Advantage: New Perspective [J]. Accounting, Organization and Society, 1990, 15 (1/2): 127-143.

[102] STANTON R R. Future Organizations: A Model of Structural Response to Organizational [J]. Environment Technological Forecasting and Social Change, 1979 (5): 217-240.

[103] STARBUCK W H. Organizations and Their Environments [C] //DUNNETTE M D. Handbook of Industrial and Organizational Psychology. Chicago: Rand McNally, 1976: 1069-1123.

[104] STEWART J M. Empowering Multinational Subsidiaries [J]. Long Range Planning, 1995, 28 (4): 63-73.

[105] TAGGART J H. Autonomy and Procedural Justice: A Framework for Evaluating Subsidiary Strategy [J]. Journal of International Business Studies, 1997, 28 (1): 51-76.

[106] TAGGART J M. Strategy Shifts in MNC Subsidiaries [J]. Strategic Management Journal, 1998 (19): 663-681.

[107] THIBAUT J, WALKER L. Procedural Justice: A Psychological Analysis [M]. NJ: Erlbaum, Hillsdale, 1975.

[108] THOMPSON J D. Organizations in Action [M]. New York: McGraw-Hill, 1967.

[109] TODD J. Management Contrl Systems: A Key Link between Strategy, Structure and Employee Performance [J]. Organization Dynamics, 1977, 5 (4): 65–78.

[110] VAN DER STEDE W A. The Effect of National Culture on Management Control and Incentive System Design in Multi-Business Firms: Evidence of Intracorporate Isomorphism [J]. European Accounting Review, 2003 (12): 263–285.

[111] VANCIL R F, BUDDRUS L E. Decentralization: Managerial Ambiguity by Design [M]. Homewood: Dow Jones-Irwin, 1979.

[112] WHITE R E, POYNTER T A. Strategies for Foreign-owned Subsidiaries in Canada [J]. Business Quarterly, 1984, 49 (2): 59–69.

[113] WHITE R E. Generic Business Strategies, Organization Context and Performance: An Empirical Investigation [J]. Strategic Management Journal, 1986, 7 (3): 217–231.

[114] WILLIAMSON O E, BHARGAVA N. Assessing and Classifying Internal Structure and Control Apparatus in the Modern Corporation [C] //COWLING K. New Developments in the Analysis of Market Structure. London: Macmillan, 1972.

[115] YOUSSEF S M. Contextual Factors Influencing Control Strategy of Multinational Corporations [J]. The Academy of Management Journal, 1975, 18 (1): 136–143.

[116] YU G C. Organizational Choice of Human Resource Management System [D]. Madison: University of Wisconsin, 1996.

2. 中文文献

[1]《亚新科集团内控管理程序修正》课题组. 现代企业内控制度：概念界定

与设计思路 [J]. 会计研究, 2001 (11): 19 - 28, 65.

[2] 曹建海, 黄群慧. 制度转型、管理提升与民营企业成长: 以浙江华峰集团为例 [J]. 中国工业经济, 2004 (1): 99 - 106.

[3] 陈菲琼, 虞旭丹. 企业对外直接投资对自主创新的反馈机制研究: 以万向集团 OFDI 为例 [J]. 财贸经济, 2009 (3): 101 - 106, 137.

[4] 陈宏明, 卢凤君, 苏文凤. 企业集团内部效绩评价体系模式研究: 以电力企业集团为例 [J]. 会计研究, 2003 (3): 28 - 34.

[5] 陈佳贵, 王钦. 跨国公司并购与大型国有企业改革 [J]. 中国工业经济, 2003 (4): 30 - 36.

[6] 陈佳贵. 培育和发展具有核心竞争力的大公司和大企业集团 [J]. 中国工业经济, 2002 (2): 5 - 10.

[7] 陈劲, 陈钰芬. 开放创新体系与企业技术创新资源配置 [J]. 科研管理, 2006 (3): 1 - 8.

[8] 陈劲, 谢芳, 贾丽娜. 企业集团内部协同创新机理研究 [J]. 管理学报, 2006 (6): 733 - 740.

[9] 陈仕华, 郑文全. 公司治理理论的最新进展: 一个新的分析框架 [J]. 管理世界, 2010 (2): 156 - 166.

[10] 陈天祥. 中国地方政府制度创新的角色及方式 [J]. 中山大学学报 (社会科学版), 2002 (3): 111 - 118.

[11] 陈新忠. 浅谈企业集团财务控制的完善 [J]. 财务与会计, 2004 (4): 16 - 17.

[12] 程小伟. 上市公司并购行为及其效应研究 [D]. 上海: 同济大学, 2007.

[13] 程新生, 季迎欣, 王丽丽. 公司治理对财务控制的影响: 来自我国制造业上市公司的证据 [J]. 会计研究, 2007 (3): 47 - 54, 94.

[14] 邓汉慧. 企业核心利益相关者利益要求与利益取向研究 [D]. 武汉: 华中科技大学, 2005.

[15] 邓建平, 曾勇, 何佳. 改制模式、资金占用与公司绩效 [J]. 中国工业经济, 2007 (1): 104 - 112.

[16] 邓今朝．团队成员目标取向与建言行为的关系：一个跨层分析 [J]．南开管理评论，2010（5）：12－21．

[17] 董小英．企业信息化过程中的知识转移：联想集团案例分析 [J]．中外管理导报，2002（11）：28－35．

[18] 杜龙政，汪延明，李石．产业链治理架构及其基本模式研究 [J]．中国工业经济，2010（3）：108－117．

[19] 杜胜利．国际财务公司的发展趋势与海尔财务公司的发展模式 [J]．会计研究，2005（5）：71－77．

[20] 段培阳．财务共享服务中心的典型案例分析与研究 [J]．金融会计，2009（9）：21－26．

[21] 方春生，王立彦，林小驰，等．SOX 法案、内控制度与财务信息可靠性：基于中国石化第一手数据的调查研究 [J]．审计研究，2008（1）：45－52．

[22] 费洪平．产业带边界划分的理论与方法：胶济沿线产业带实例分析 [J]．地理学报，1994（3）：214－225．

[23] 费孝通．我看到的中国农村工业化和城市化道路 [J]．浙江社会科学，1998（4）：4－7．

[24] 冯丽霞．内部资本市场：组织载体、交易与租金 [J]．会计研究，2006（8）：37－43，96．

[25] 傅俊元，吴立成，吴文往．企业集团财务风险预警方法的构建研究 [J]．中央财经大学学报，2004（12）：67－71，76．

[26] 高晨，汤谷良．管理控制工具的整合模式：理论分析与中国企业的创新——基于中国国有企业的多案例研究 [J]．会计研究，2007（8）：68－75，96．

[27] 高雷，何少华，黄志忠．公司治理与掏空 [J]．经济学（季刊），2006（3）：1157－1178．

[28] 高雷，宋顺林．关联交易、线下项目与盈余管理：来自中国上市公司的经验证据 [J]．中国会计评论，2008（1）：61－78．

[29] 高雷，宋顺林．关联交易与公司治理机制 [J]．中南财经政法大学学报，

2007 (4): 59-65, 143.

[30] 高勇强, 田志龙. 母公司对子公司的管理和控制模式研究 [J]. 南开管理评论, 2002 (4): 28-31.

[31] 贡华章. 中油集团内部控制探索与实践 [J]. 会计研究, 2004 (8): 18-22, 97.

[32] 郭培民. 基于企业资源论的母子公司性质及管理策略研究 [D]. 杭州: 浙江大学, 2001.

[33] 郭守前. 产业生态化创新的理论与实践 [J]. 生态经济, 2002 (4): 34-37.

[34] 韩晶. 中国高技术产业创新效率研究: 基于 SFA 方法的实证分析 [J]. 科学学研究, 2010 (3): 467-472.

[35] 韩晶. 中国钢铁业上市公司的生产力和生产效率: 基于 DEA-TOBIT 两步法的实证研究 [J]. 北京师范大学学报 (社会科学版), 2008 (1): 119-126.

[36] 韩岫岚. 企业国际战略联盟的形成与发展 [J]. 中国工业经济, 2000 (4): 13-18.

[37] 郝晓娜. 我国企业集团全面预算管理中存在的问题及对策分析 [J]. 河南社会科学, 2010 (3): 215-217.

[38] 郝颖, 刘星. 资本投向、利益攫取与挤占效应 [J]. 管理世界, 2009 (5): 128-144.

[39] 郝颖. 大股东控制下的中国上市公司投资行为特征研究 [D]. 重庆: 重庆大学, 2007.

[40] 何瑛, 周访. 我国企业集团实施财务共享服务的关键因素的实证研究 [J]. 会计研究, 2013 (10): 59-66, 97.

[41] 何瑛. 企业财务流程再造新趋势: 财务共享服务 [J]. 财会通讯, 2010 (6): 110-113.

[42] 贺建刚, 孙铮, 李增泉. 难以抑制的控股股东行为: 理论解释与案例分析 [J]. 会计研究, 2010 (3): 20-27.

[43] 洪剑峭, 薛皓. 股权制衡对关联交易和关联销售的持续性影响 [J]. 南

开管理评论, 2008 (1): 24-30.

[44] 胡岗岚, 卢向华, 黄丽华. 电子商务生态系统及其协调机制研究: 以阿里巴巴集团为例 [J]. 软科学, 2009 (9): 5-10.

[45] 黄俊, 陈信元. 集团化经营与企业研发投资: 基于知识溢出与内部资本市场视角的分析 [J]. 经济研究, 2011 (6): 80-92.

[46] 黄先勇. 工作满意度及其影响因素的研究 [D]. 天津: 天津师范大学, 2003.

[47] 黄永明, 何伟, 聂鸣. 全球价值链视角下中国纺织服装企业的升级路径选择 [J]. 中国工业经济, 2006 (5): 56-63.

[48] 贾根良, 张峰. 传统产业的竞争力与地方化生产体系 [J]. 中国工业经济, 2001 (9): 46-52.

[49] 江诗松, 龚丽敏, 魏江. 转型经济背景下后发企业的能力追赶: 一个共演模型——以吉利集团为例 [J]. 管理世界, 2011 (4): 122-137.

[50] 蒋国俊, 蒋明新. 产业链理论及其稳定机制研究 [J]. 重庆大学学报 (社会科学版), 2004 (1): 36-38.

[51] 蒋海岩, 张卉. 浅析烟草专卖体制 [J]. 山东经济, 2005 (1): 25-27.

[52] 柯明. 财务共享管控服务模式的探讨 [J]. 会计之友 (上旬刊), 2008 (12): 60-62.

[53] 赖静雯, 朱南. 中国企业实施ERP的思考: 成都恩威集团实施ERP的案例研究 [J]. 管理世界, 2003 (2): 127-133.

[54] 兰小云. 行业高职院校校企合作机制研究 [D]. 上海: 华东师范大学, 2013.

[55] 乐嘉春, 吴培新. "整体上市"演绎国资改革新思路 [J]. 上海国资, 2004 (3): 31-32.

[56] 李飞. 中央企业境外投资风险控制研究 [D]. 北京: 中国财政科学研究院, 2012.

[57] 李刚. 企业组织结构创新的机理与方法研究 [D]. 武汉: 武汉理工大学, 2007.

[58] 李国忠. 企业集团预算控制模式及其选择 [J]. 会计研究, 2005 (4): 47-50, 95.

[59] 李海舰, 田跃新, 李文杰. 互联网思维与传统企业再造 [J]. 中国工业经济, 2014 (10): 135-146.

[60] 李培功, 徐淑美. 媒体的公司治理作用: 共识与分歧 [J]. 金融研究, 2013 (4): 196-206.

[61] 李肃, 周放生, 吕朴, 等. 美国五次企业兼并浪潮及启示 [J]. 管理世界, 1998 (1): 121-132.

[62] 李维安, 武立东. 企业集团的公司治理: 规模起点、治理边界及子公司治理 [J]. 南开管理评论, 1999 (4): 4-8.

[63] 李伟. 国内外财务公司比较研究 [J]. 财会月刊, 2006 (5): 40-42.

[64] 李霞. MVC 设计模式的原理与实现 [D]. 长春: 吉林大学, 2004.

[65] 李新春, 何轩, 陈文婷. 战略创业与家族企业创业精神的传承: 基于百年老字号李锦记的案例研究 [J]. 管理世界, 2008 (10): 127-140, 188.

[66] 李艳荣, 金雪军. 论内部资本市场中资源配置的效率 [J]. 学术月刊, 2007 (4): 90-96.

[67] 李焰, 陈才东, 黄磊. 集团化运作、融资约束与财务风险: 基于上海复星集团案例研究 [J]. 管理世界, 2007 (12): 117-135.

[68] 李烨, 李传昭, 罗婉议. 战略创新、业务转型与民营企业持续成长: 格兰仕集团的成长历程及其启示 [J]. 管理世界, 2005 (6): 126-135.

[69] 李增泉, 孙铮, 王志伟. "掏空"与所有权安排: 来自我国上市公司大股东资金占用的经验证据 [J]. 会计研究, 2004 (12): 3-13, 97.

[70] 李增泉, 辛显刚, 于旭辉. 金融发展、债务融资约束与金字塔结构: 来自民营企业集团的证据 [J]. 管理世界, 2008 (1): 123-135, 188.

[71] 李志刚, 汤书昆. 用层次分析法改进的平衡计分卡及其应用 [J]. 价值工程, 2004 (7): 52-54.

[72] 厉以宁. 全球化与中国经济 [J]. 世界经济与政治, 2000 (6): 11-16.

[73] 林旭东, 李一智, 巩前锦. 企业集团内部资本市场的代理建模研究 [J].

深圳大学学报，2003（1）：15-21.

[74] 林叶．论企业的核心竞争力［J］．现代管理科学，2004（1）：54-55.

[75] 刘丰收．平衡计分卡在企业绩效管理中的应用［D］．北京：首都经济贸易大学，2004.

[76] 刘贵富．产业链基本理论研究［D］．长春：吉林大学，2006.

[77] 刘俊海．一人公司制度难点问题研究［J］．中国社会科学院研究生院学报，2005（6）：91-97，145.

[78] 刘俊茹．企业预算管理历史分析及未来展望［D］．厦门：厦门大学，2006.

[79] 刘平，王汉生，张笑会．变动的单位制与体制内的分化：以限制介入性大型国有企业为例［J］．社会学研究，2008（3）：56-78，243-244.

[80] 刘小玄，韩朝华．中国的古典企业模式：企业家的企业——江苏阳光集团案例研究［J］．管理世界，1999（6）：179-189.

[81] 刘星，代彬，郝颖．掏空、支持与资本投资：来自集团内部资本市场的经验证据［J］．中国会计评论，2010（2）：201-222.

[82] 刘亚军．移动电子商务对旅游业的影响及对策［J］．商业经济，2004（1）：78-80.

[83] 刘艳．农地使用权流转研究［D］．大连：东北财经大学，2007.

[84] 刘友金，罗发友．基于焦点企业成长的集群演进机理研究：以长沙工程机械集群为例［J］．管理世界，2005（10）：159-161.

[85] 刘运国，陈国菲．BSC与EVA相结合的企业绩效评价研究：基于GP企业集团的案例分析［J］．会计研究，2007（9）：50-59，96.

[86] 柳卸林，段小华．产业集群的内涵及其政策含义［J］．研究与发展管理，2003（6）：55-61.

[87] 卢震，黄小原，管曙荣．不确定JIT交货条件下供应链协调及主从对策问题研究［J］．中国管理科学，2003（4）：16-20.

[88] 鲁桐．企业国际化阶段、测量方法及案例研究［J］．世界经济，2000（3）：9-18.

[89] 陆军荣. 企业内部资本市场：替代与治理 [D]. 上海：复旦大学, 2005.

[90] 吕源, 姚俊, 蓝海林. 企业集团的理论综述与探讨 [J]. 南开管理评论, 2005 (4)：17-20, 24.

[91] 罗帆, 佘廉. 企业组织管理预警系统评价指标的权重及综合评价 [J]. 中国软科学, 2000 (7)：116-118.

[92] 罗珉. 大型企业的模块化：内容、意义与方法 [J]. 中国工业经济, 2005 (3)：68-75.

[93] 罗乾宜. 大型央企集团财务治理模式及其制度创新 [J]. 会计研究, 2012 (4)：50-57, 95.

[94] 马彩华. 中国特色的环境管理公众参与研究 [D]. 青岛：中国海洋大学, 2007.

[95] 马金城, 王磊. 系族控制人掏空与支持上市公司的博弈：基于复星系的案例研究 [J]. 管理世界, 2009 (12)：150-163.

[96] 孟焰, 朱小芳. "企业内部控制与预算管理"专题研讨会综述 [J]. 会计研究, 2004 (8)：92-94.

[97] 苗振亚. 从战略管理会计角度谈企业集团预算模式 [J]. 重庆商学院学报, 2001 (2)：55-57.

[98] 倪益华. 基于本体的制造企业知识集成技术的研究 [D]. 杭州：浙江大学, 2005.

[99] 潘爱玲, 吴有红. 企业集团内部控制框架的构建及其应用 [J]. 中国工业经济, 2005 (8)：105-113.

[100] 潘爱香, 景东丽. 如何解读全面预算管理 [J]. 财务与会计, 2002 (8)：30-32.

[101] 彭逼眉. 胜任特征模型及其在人才选拔中的应用 [D]. 武汉：武汉大学, 2004.

[102] 彭韶兵, 赵根. 定向增发：低价发行的偏好分析 [J]. 财贸经济, 2009 (4)：52-58.

[103] 彭新敏, 吴晓波, 吴东. 基于二次创新动态过程的企业网络与组织学习

平衡模式演化：海天 1971—2010 年纵向案例研究 [J]. 管理世界, 2011
(4): 138 – 149, 166, 188.

[104] 齐亮. 基于精益生产的现场改善方法研究 [D]. 大连：大连理工大学, 2006.

[105] 钱启东, 伍青生, 王国进. 关于"整体上市"的研究 [J]. 上海综合经济, 2004 (4): 73 – 79.

[106] 乔尔·赫尔曼, 马克·施克曼, 王新颖. 转轨国家的政府干预、腐败与政府被控：转型国家中企业与政府交易关系研究 [J]. 经济社会体制比较, 2002 (5): 26 – 33.

[107] 乔均, 祁晓荔, 储俊松. 基于平衡计分卡模型的电信企业绩效评价研究：以中国网络通信集团江苏省公司为例 [J]. 中国工业经济, 2007 (2): 110 – 118.

[108] 任佩瑜. 论管理效率中再造组织的战略决策 [J]. 经济体制改革, 1998 (3): 98 – 101.

[109] 任志宏. 完善企业集团内部审计模式提高企业战略决策经营能力 [J]. 审计研究, 2005 (3): 82 – 84.

[110] 商屹. 我国企业集团资金集中管理的模式 [J]. 石油科技论坛, 2006 (4): 65 – 67.

[111] 邵军, 刘志远. 企业集团内部资本市场对其成员企业融资约束的影响：来自中国企业集团的经验证据 [J]. 中国会计评论, 2008 (3): 275 – 288.

[112] 邵军, 刘志远. 企业集团内部资本配置的经济后果：来自中国企业集团的证据 [J]. 会计研究, 2008 (4): 47 – 53, 94.

[113] 邵军, 刘志远. 企业集团内部资本市场与融资约束 [J]. 经济与管理研究, 2006 (9): 60 – 65.

[114] 申明浩. 治理结构对家族股东隧道行为的影响分析 [J]. 经济研究, 2008 (6): 135 – 144.

[115] 沈娜, 赵国杰. 企业国际化测评指标体系的构建 [J]. 中国软科学, 2001 (10): 109 – 112, 42.

[116] 沈佩原. 战略联盟中合营公司的博弈分析 [J]. 陕西经贸学院学报, 2001 (2): 44-47.

[117] 沈艺峰. 公司控制权市场理论的现代演变（上）：美国三十五个州反收购立法的理论意义 [J]. 中国经济问题, 2000 (2): 16-25.

[118] 沈峥嵘, 陈龙. 应对方式对医务人员心理健康的影响 [J]. 工业卫生与职业病, 2005 (3): 143-145.

[119] 施天涛. 关联企业概念之法律透视 [J]. 法律科学（西北政法学院学报）, 1998 (2): 48-55.

[120] 石志刚. 国外汽车摩擦材料工业的新进展 [J]. 非金属矿, 2001 (2): 52-53.

[121] 司金銮. 中国企业技术创新的发展对策 [J]. 管理世界, 2001 (4): 209-211.

[122] 宋则, 王京. 新时期流通业的发展与经济结构的调整 [J]. 财贸经济, 2002 (11): 25-30.

[123] 孙武. 基于职位和绩效的宽带结构式薪酬体系设计 [J]. 中国人力资源开发, 2007 (7): 64-67.

[124] 孙志勇. 多 Agent 系统体系结构及建模方法研究 [D]. 合肥：合肥工业大学, 2004.

[125] 孙治本. 家族主义与现代台湾企业 [J]. 社会学研究, 1995 (5): 56-65.

[126] 汤谷良, 王斌, 杜菲, 等. 多元化企业集团管理控制体系的整合观：基于华润集团 6S 的案例分析 [J]. 会计研究, 2009 (2): 53-60, 94.

[127] 唐清泉, 罗党论, 王莉. 大股东的隧道挖掘与制衡力量：来自中国市场的经验证据 [J]. 中国会计评论, 2005 (1): 63-86.

[128] 陶长琪, 刘劲松. 企业纵向联结的效应分析：基于煤电行业的实证 [J]. 数量经济技术经济研究, 2006 (2): 97-107.

[129] 田虹, 吕有晨. 日本企业社会责任研究 [J]. 现代日本经济, 2006 (1): 35-39.

[130] 万良勇, 魏明海. 我国企业集团内部资本市场的困境与功能实现问题：

以三九集团和三九医药为例 [J]. 当代财经, 2006 (2): 78-81.

[131] 汪伟, 史晋川. 进入壁垒与民营企业的成长: 吉利集团案例研究 [J]. 管理世界, 2005 (4): 132-140.

[132] 王保树. 企业联合与制止垄断 [J]. 法学研究, 1990 (1): 1-7.

[133] 王斌, 高晨. 组织设计、管理控制系统与财权制度安排 [J]. 会计研究, 2003 (3): 15-22, 65.

[134] 王宏淼. 美国金融财务公司的发展及其对我国的借鉴 [J]. 金融论坛, 2002 (3): 51-56.

[135] 王今, 侯岚, 张颖. 产业集群的识别方法及实证研究 [J]. 科学学与科学技术管理, 2004 (11): 117-120.

[136] 王明伦, 贺文瑾, 李德方. 高等职业教育集团化办学构想: 以常州大学城为例 [J]. 职业技术教育, 2005 (19): 36-38.

[137] 王晓薇. 谈谈企业集团的资金集中管理 [J]. 财会通讯 (理财版), 2007 (4): 33-34.

[138] 王晓晔. 我国反垄断立法的框架 [J]. 法学研究, 1996 (4): 3-21.

[139] 王学亮. 国内外大型企业集团财务集约化管理经验及对电力企业的借鉴 [J]. 能源技术经济, 2010 (11): 53-57.

[140] 王妍. 企业社会责任及其法理学研究 [J]. 哈尔滨工业大学学报 (社会科学版), 2001 (3): 104-109.

[141] 王之君, 杨文静. 集团资金管理模式研究 [J]. 中央财经大学学报, 2006 (11): 88-92.

[142] 王志彬, 周子剑. 定向增发新股整体上市与上市公司短期股票价格的实证研究: 来自中国证券市场集团公司整体上市数据的经验证明 [J]. 管理世界, 2008 (12): 182-183.

[143] 王志刚, 蒋慧明. 关于中国员工个体特征对其公司满意度影响的实证研究 [J]. 南开管理评论, 2004 (1): 101-106.

[144] 魏春奇. 构建以战略为导向的全面预算管理制度 [J]. 会计之友 (上旬刊), 2007 (10): 10-11.

[145] 魏明海,万良勇.我国企业内部资本市场的边界确定[J].中山大学学报(社会科学版),2006(1):92-97,127-128.

[146] 温青山,何涛,姚淑瑜,等.基于财务分析视角的改进财务报表列报效果研究:来自中石油和中石化的实例检验[J].会计研究,2009(10):10-17,94.

[147] 巫升柱.企业集团母子公司财务控制系统构建研究[J].当代经济科学,2003(3):78-82,97.

[148] 吴广谋,盛昭瀚.企业的模糊动态边界与企业集团:对企业集团的本质的探讨[J].管理科学学报,2001(3):9-13.

[149] 吴水澎,陈汉文,邵贤弟.论改进我国企业内部控制:由"亚细亚"失败引发的思考[J].会计研究,2000(9):43-48.

[150] 吴一平.财务共享服务中心运作模式分析[J].财会通讯,2009(20):151-152.

[151] 吴越.德国康采恩法与我国企业集团法之比较[J].法律科学(西北政法学院学报),2001(2):113-128.

[152] 武常岐,钱婷.集团控制与国有企业治理[J].经济研究,2011(6):93-104.

[153] 肖星,王琨.关于集团模式多元化经营的实证研究:来自"派系"上市公司的经验证据[J].管理世界,2006(9):80-86.

[154] 谢建宏.企业集团资金集中管理问题探讨[J].会计研究,2009(11):44-47.

[155] 谢世清,何彬.国际供应链金融三种典型模式分析[J].经济理论与经济管理,2013(4):80-86.

[156] 谢世清,李四光.中小企业联保贷款的信誉博弈分析[J].经济研究,2011(1):97-111.

[157] 辛清泉,郑国坚,杨德明.企业集团、政府控制与投资效率[J].金融研究,2007(10):123-142.

[158] 熊波.新媒体时代中国电视产业发展研究[D].武汉:武汉大

学，2013.

[159] 徐春杰．我国企业集团母子管理控制模式选择［J］．理论前沿，2007（1）：20-21.

[160] 徐大可，陈劲．后来企业自主创新能力的内涵和影响因素分析［J］．经济社会体制比较，2006（2）：17-22.

[161] 徐建中．我国矿业资源城市经济可持续发展研究［D］．哈尔滨：哈尔滨工程大学，2003.

[162] 许宁．中国经济开发区发展研究［D］．成都：西南财经大学，2007.

[163] 许强．基于知识转移的母子公司关系管理研究［D］．杭州：浙江大学，2003.

[164] 许庆瑞，吴志岩，陈力田．转型经济中企业自主创新能力演化路径及驱动因素分析：海尔集团1984—2013年的纵向案例研究［J］．管理世界，2013（4）：121-134，188.

[165] 许庆瑞，谢章澍，杨志蓉．企业技术与制度创新协同的动态分析［J］．科研管理，2006（4）：116-120，129.

[166] 许庆瑞，郑刚，喻子达，等．全面创新管理（TIM）：企业创新管理的新趋势——基于海尔集团的案例研究［J］．科研管理，2003（5）：1-7.

[167] 薛绯．基于财务风险防范的战略预算管理评价与优化研究［D］．上海：东华大学，2013.

[168] 阎同柱，李鹏，詹正茂．全方位透视母子公司管理［J］．企业管理，2001（9）：5-26.

[169] 颜炳祥．中国汽车产业集群理论及实证的研究［D］．上海：上海交通大学，2008.

[170] 杨春妮．我国民航业竞争格局和运行效率研究［J］．当代财经，2005（6）：91-96.

[171] 杨付，张丽华．团队沟通、工作不安全氛围对创新行为的影响：创造力自我效能感的调节作用［J］．心理学报，2012（10）：1383-1401.

[172] 杨棉之，孙健，卢闯．企业集团内部资本市场的存在性与效率性［J］．

会计研究, 2010 (4): 50-56, 96.

[173] 杨棉之. 内部资本市场公司绩效与控制权私有收益: 以华通天香集团为例分析 [J]. 会计研究, 2006 (12): 61-67, 96.

[174] 杨亚琴. 中国区域经济合作的趋势及相关对策 [J]. 上海经济研究, 2003 (3): 58-64.

[175] 杨宗昌, 许波. 企业经营绩效评价模式研究: 我国电信企业集团经营绩效考评方法初探 [J]. 会计研究, 2003 (12): 49-51.

[176] 姚洋. 中性政府: 对转型期中国经济成功的一个解释 [J]. 经济评论, 2009 (3): 5-13.

[177] 姚颐, 刘志远, 李冠众. 我国企业集团财务控制现状的问卷调查与分析 [J]. 会计研究, 2007 (8): 28-35, 95.

[178] 叶康涛, 曾雪云. 内部资本市场的经济后果: 基于集团产业战略的视角 [J]. 会计研究, 2011 (6): 63-69, 96.

[179] 叶克林. 企业竞争战略理论的发展与创新: 综论80年代以来的三大主要理论流派 [J]. 江海学刊, 1998 (6): 28-32.

[180] 应可福, 薛恒新. 企业集团管理中的协同效应研究 [J]. 华东经济管理, 2004 (5): 135-138.

[181] 于保和. 经济责任审计研究 [D]. 大连: 东北财经大学, 2003.

[182] 于春刚. 住宅产业化: 钢结构住宅围护体系及发展策略研究 [D]. 上海: 同济大学, 2006.

[183] 于开乐, 王铁民. 基于并购的开放式创新对企业自主创新的影响: 南汽并购罗孚经验及一般启示 [J]. 管理世界, 2008 (4): 150-159, 166.

[184] 于立, 孟韬, 姜春海. 资源枯竭型国有企业退出障碍与退出途径分析 [J]. 中国工业经济, 2003 (10): 5-12.

[185] 于新花. 企业财务风险管理与控制策略 [J]. 会计之友 (中旬刊), 2009 (2): 23-24.

[186] 袁芳. 企业集团多元化战略与经济绩效关系的研究 [J]. 重庆大学学报 (社会科学版), 2001 (1): 35-37.

[187] 袁琳. 构筑集团企业资金结算与集中控制的新系统：中国石化集团财务公司资金结算与集中控制案例研究 [J]. 会计研究, 2003 (2): 47-52.

[188] 韵江, 刘立, 高杰. 企业集团的价值创造与协同效应的实现机制 [J]. 财经问题研究, 2006 (4): 79-86.

[189] 韵江, 刘立. 创新变迁与能力演化：企业自主创新战略——以中国路明集团为案例 [J]. 管理世界, 2006 (12): 115-130.

[190] 张富春, 冯子标. 企业集团：中间组织与有组织的市场 [J]. 中国工业经济, 1997 (12): 45-50.

[191] 张会丽, 吴有红. 企业集团财务资源配置、集中程度与经营绩效：基于现金在上市公司及其整体子公司间分布的研究 [J]. 管理世界, 2011 (2): 100-108.

[192] 张继德, 郑丽娜. 集团企业财务风险管理框架探讨 [J]. 会计研究, 2012 (12): 50-54, 95.

[193] 张军, 王祺. 权威、企业绩效与国有企业改革 [J]. 中国社会科学, 2004 (5): 106-116, 207.

[194] 张雷. 产业链纵向关系治理模式研究 [D]. 上海：复旦大学, 2007.

[195] 张雷. 企业集团财务管理体制及管理机制探讨 [J]. 当代财经, 2004 (4): 109-112.

[196] 张乃平. 中国汽车工业创新系统研究 [D]. 武汉：武汉理工大学, 2003.

[197] 张凭博. 基于AHP模糊综合评价法的企业培训效果评估研究 [D]. 大连：大连海事大学, 2008.

[198] 张瑞君, 陈虎, 胡耀光, 等. 财务共享服务模式研究及实践 [J]. 管理案例研究与评论, 2008 (3): 19-27.

[199] 张瑞君, 陈虎, 张永冀. 企业集团财务共享服务的流程再造关键因素研究：基于中兴通讯集团管理实践 [J]. 会计研究, 2010 (7): 57-64, 96.

[200] 张生太, 段兴民. 企业集团的隐性知识传播模型研究 [J]. 系统工程, 2004 (4): 62-65.

[201] 张文魁. 大型企业集团管理体制研究：组织结构、管理控制与公司治理 [J]. 改革, 2003 (1)：23-32.

[202] 张先治. 基于价值的企业集团预算控制系统：预算控制变量与预算控制标准确定 [J]. 财经问题研究, 2005 (6)：78-84.

[203] 张相洲. 管理控制论 [D]. 大连：东北财经大学, 2003.

[204] 张正堂, 吴志刚. 企业集团母子公司管理控制理论的发展 [J]. 财经问题研究, 2004 (6)：87-91.

[205] 章卫东. 定向增发新股、整体上市与股票价格短期市场表现的实证研究 [J]. 会计研究, 2007 (12)：63-68, 97.

[206] 赵曙明, 毛智勇. 中美日欧企业文化比较及跨文化管理 [J]. 管理世界, 1993 (6)：155-157.

[207] 赵曙明, 吴慈生, 徐军. 企业集团成长与人力资源管理的关系研究 [J]. 中国软科学, 2002 (9)：47-51.

[208] 赵曙明, 吴慈生. 中国企业集团人力资源管理现状调查研究（一）：调查方案设计、人力资源管理政策分析 [J]. 中国人力资源开发, 2003 (2)：55-58.

[209] 赵曙明, 吴慈生. 中国企业集团人力资源管理现状调查研究（二）：人力资源培训与开发、绩效考核体系分析 [J]. 中国人力资源开发, 2003 (3)：48-50.

[210] 赵晓庆. 企业技术学习的模式与技术能力积累途径的螺旋运动过程 [D]. 杭州：浙江大学, 2002.

[211] 赵彦云, 余毅, 马文涛. 中国文化产业竞争力评价和分析 [J]. 中国人民大学学报, 2006 (4)：72-82.

[212] 郑刚, 朱凌, 金珺. 全面协同创新：一个五阶段全面协同过程模型——基于海尔集团的案例研究 [J]. 管理工程学报, 2008 (2)：24-30.

[213] 郑国坚. 基于效率观和掏空观的关联交易与盈余质量关系研究 [J]. 会计研究, 2009 (10)：68-76, 95.

[214] 郑明高. 产业融合发展研究 [D]. 北京：北京交通大学, 2010.

[215] 周春生,赵端端.中国民营企业的财务风险实证研究[J].中国软科学,2006(4):130-135.

[216] 周吉平.中国石油天然气集团公司"走出去"的实践与经验[J].世界经济研究,2004(3):61-68.

[217] 朱红军,汪辉."股权制衡"可以改善公司治理吗?:宏智科技股份有限公司控制权之争的案例研究[J].管理世界,2004(10):114-123,140-156.

[218] 朱荣.企业财务风险的评价与控制研究[D].大连:东北财经大学,2007.

[219] 朱新红.论企业集团财务控制的三种类型[J].安徽大学学报,1999(3):86-89.

[220] 邹韶禄.基于战略导向的企业全面预算管理体系研究[D].长沙:中南大学,2004.

[221] 邹统钎.中国饭店企业集团化战略:发展模式与政策导向[J].旅游学刊,1999(3):13-16,78.

[222] 左庆乐.企业集团母子公司管理模式和管理控制[J].云南财贸学院学报,2003(5):59-61.